부와 성공의 시크릿

마스터키

MASTER KEY SYSTEM

부와 성공의 시크릿

마스터키

찰스 해낼 지음 | 유태진 편역

다른
상상

삶의 환경이 성공적이든 아니든 그렇게 되기 이전에 어떠한 행동이 필요하고, 행동이 이루어지기 이전에는 의식적이든 무의식적이든 어떠한 생각이 있어야 하며, 생각은 정신의 산물이기 때문에, 정신이 곧 모든 것이 일어나는 창조의 중심이라는 것이 분명하다.

따라서 목표를 이루고, 환경을 바꾸어, 부와 성공에 닿기 위해서는 정신을 다스릴 수 있는 방법을 알아야 한다. 이러한 지식이 가장 귀중한 자산이다. 배우고 깨우치자마자 바로 삶에 적용할 수 있다. 상황을 지배하는 힘이 그중 하나다. 건강, 조화, 부와 성공은 이를 통해 얻을 수 있다.

어떤 사람들은 일부러 노력하지 않아도 성공, 능력, 부와 성취를 끌어당기는 것 같다. 또 어떤 이들은 큰 어려움을 겪지만 한 단계씩 나아간다. 반면, 또 다른 이들은 그들의 야망과 욕망, 이상에 도달하는 데 완전히 실패한다. 왜 그런 걸까? 왜 어떤 이들은 쉽게 자신의 야망을 실현하는데, 다른 사람들은 어려움을 겪으면서 이루어내며, 또 다른 이들은 전혀 실현하지 못하는 걸까?

신체적 이유가 원인일 리 없다. 그렇지 않다면 신체적으로 가장 완벽한 사람이 가장 큰 성공을 이루었을 것이다. 차이는 정신에 있다. 태도와 마음가짐에 있다. 정신이야말로 창조력의 근원이며, 성공한 사람과 아닌 사람의 유일한 차이점을 보여준다. 그러므로 삶에 찾아오는 모든 어려움과 장애물을 극복할 수 있는 열쇠도 사람의 정신에 있다.

사람의 정신에서 비롯한 생각과 그 창조적 힘을 완전히 이해했을 때 효과는 놀라울 것이다. 하지만 그런 결과를 얻기 위해서는 적절한 적용과 근면함, 집중이 요구된다. 정신, 내면의 세계와 외부의 세계, 잠재의식과 의식, 무기물과 유기물, 생각과 영혼을 지배하는 법칙들이 눈에 보이지는 않지만 아주 확고하다는 것을 알게 될 것이다.

원하는 결과를 얻기 위해서는 이 법칙을 알고 따라야 한다. 법칙에 순응하면 언제나 정확히 원하는 결과를 얻을 수 있다는 것을 알게 될 것이다. 능력은 내면에서 비롯하고 자신이 나약했던 이유는 오직 외부의 도움에 의지했기 때문이라는 것을 깨달을 것이다. 부와 성공의 해답을 얻은 사람은, 주저 없이 자기 생각에 따라 즉시 행동하고, 당당한 태도를 보이며, 기적 같은 일을 이룰 것이다.

우리의 욕망은 씨앗과 같다. 우리는 매일 씨앗을 뿌리고 있다. 그 열매는 무엇일까? 오늘날 우리는 과거에 우리가 한 생각의 결과다.

그리고 후에 우리는 '지금 생각하고 있는 것'의 결과가 될 것이다. 생각의 창조적 힘을 온전히 이해할 때 그것이 당신의 말과 행동으로 표현되어 세상으로 전달되고, 그것들이 당신의 생각과 일치하는 모든 것을 끌어당길 것이다. 그리하여 당신에게 그와 같은 열매를 안겨줄 것이다.

마스터키는 의지와 추론력을 강화하고, 상상력과 직관력을 배양하고 잘 사용하도록 가르친다. 대체할 수 있거나 왜곡된 것이 아닌 진정한 정신적 능력을 활용할 수 있을 것이다.

마스터키는 모든 성공한 사업가의 비결이기도 한 통찰력, 즉 모든 상황에서 가능성과 어려움을 함께 조망할 수 있는 능력과 기회를 식별하는 능력을 가르친다. 많은 이가 어떤 상황에서도 성실하게 일하면서도 기회를 알아보지 못한다는 점에서 통찰력이 필요할 것이다.

마스터키는 사람과 사물을 끌어당기는 능력을 강화한다. 일상에서 흔히 '운이 좋다'는 이야기를 듣는 사람이 되고, '사물'이 당신이 원하는 대로 주어져서 언제나 이득을 취하는 입장이 될 것이다.

마스터키는 실패, 절망, 한계, 불화와 같은 부정적 에너지에 휩싸여 있던 당신에게 용기, 능력, 긍정, 영감, 조화, 부와 성공에 대한 생각이 뿌리내리게 할 것이다.

마스터키는 절대적인 과학적 사실에 기초하고 있으며, 잠재되어 있던 가능성을 열어주고, 실현할 수 있도록 해준다. 전능한 힘, 창조력, 통찰력, 생명력, 탄력성에 대해서, 그 활용법에 대해서 누구보다 잘 알게 될 것이다. 그를 통해 지금까지는 상상할 수 없었던 보상을 얻을 것이다. 삶의 새로운 의미를 알고, 자신감, 희망, 풍요로 가득 찰 것이다.

내면에 충만한 긍정적 에너지가 주변 사람들에게도 발산되고 성공한 동료들을 끌어모으면서 더 큰 에너지로 돌아올 것이다. 생각의 실천으로 사람은 자기 자신뿐 아니라 삶을 변화시키는 것이다.

　새로운 시대가 밝아온다. 이제 우리는 그 빛 한가운데 서서 삶의 의미와 생명의 그 광대함, 장엄함을 목격할 것이다. 사람은 자신이 어디까지 도달할 수 있을지 그 가능성을 알지 못한다. 앞으로 나아가는 길에 한계선이란 없다. 무한히 펼쳐진 길 앞에서 자신이 타고난 무한한 에너지를 활용하여 자신에게 부와 성공을 선사할 수 있다.

차례

The Secret of Wealth and Sucess
MASTER KEY SYSTEM

CHAPTER 01

마스터키 시스템이란
무엇인가

01 많이 모을수록 더 많이 모인다는 것, 그것은 존재의 모든 면에서 사실이며 마찬가지로 손실이 클수록 더 큰 손실로 이어진다는 것 또한 사실이다.

02 마음은 창조적이다. 우리 삶의 모든 경험과 조건, 환경은 스스로가 지닌 습관적이고 지배적인 마음가짐에서 비롯한 결과다.

03 마음가짐은 '어떻게 생각하느냐'에 달렸다. 그러므로 사람이 지닌 모든 능력과 그를 통해 얻는 성취와 소유 또한 '어떻게 생각하느냐'에 달린 것이다.

04 무언가를 '실행'하기 전에 우리는 먼저 하나의 '존재'가 되어야 한다. 그 '존재'로서 가능한 역량까지만 '실행'할 수 있기 때문이

다. 어떤 '존재'가 되는가는 우리의 '생각'에 달렸다.

05 가지고 있지도 않은 능력을 발휘할 수는 없다. 능력을 소유할
    수 있는 유일한 방법은 의식하는 것에 있다. 모든 능력의 시작
    점이 우리 내면에 있다는 것을 의식하기 전에는 절대 능력을
    가질 수 없다.

06 우리 내면에 있는 하나의 세계를 달리 말하자면 생각과 감정과
    능력의 세계, 빛과 생명 그리고 아름다움의 세계다. 이 세계는
    눈에 보이지 않아도 그 힘은 강력하다.

07 내면의 세계는 마음이 지배한다. 이 세계를 발견한다면 모든 문
    제의 뿌리와 모든 결과의 해결책을 찾을 수 있다. 이 세계를 마
    음으로 지배할 수 있다면 능력과 소유의 모든 법칙도 지배할 수
    있다.

08 외부의 세계는 내면의 세계의 그림자다. 철저히 외부에만 존재
    하는 듯 보이는 것들도 이미 내면에서 보아온 것들이다. 우리
    내면에는 무한한 지혜, 무한한 능력과 같은 무한한 공급원이 있
    다. 이것이 드러나고 계발되어 표현될 날만을 기다리고 있으며

이러한 잠재력을 의식할 수 있어야만 외부의 세계에서 구체화
된다.

09 내면의 세계가 조화로워야 외부의 세계에 그대로 반영된다. 내
면의 세계에서 이루는 조건과 환경의 조화는 건강의 기초이자
모든 위대함과 능력, 성취, 성공의 필수조건이다.

10 내면의 세계에서 조화를 이루면, 스스로의 생각을 통제하고 자
신에게 어떤 경험이 어떤 영향을 줄지 판단하고 결정하는 능력
이 생긴다.

11 내면의 세계에서 조화를 이루면, 낙천적이고 풍요로워진다. 내
면의 세계가 풍요롭다면 외부의 세계에서도 풍요로워진다.

12 외부의 세계는 내면의 의식과 환경을 반영한다.

13 내면의 세계에서 지혜를 얻으면, 스스로에게 잠재되어 있는 놀
라운 가능성을 알아보는 능력이 생기고, 이러한 가능성을 외부
의 세계로 끌어와 구체화할 능력도 가질 수 있다.

__14__ 우리가 내면 세계의 지혜를 의식하게 되면 정신적으로 이 지혜
를 소유하게 된다. 그를 통해 완벽하고 조화로운 발전을 이루는
데 필요한 능력과 지혜를 실제로 소유하게 된다.

__15__ 내면의 세계는 우리가 용기, 희망, 자신감, 믿음을 만들어내는
실질적인 공간이다. 이를 통해 비전을 내다보는 통찰을 계발하
고 또, 비전을 현실화하는 실질적인 기술을 얻을 수 있다.

__16__ 우리의 삶은 어딘가로부터 덧붙여지는 것이 아니라 내면에서
부터 드러나는 것이다. 외부의 세계에서 오는 것들은 이미 내면
에 우리가 가지고 있는 것들이다.

__17__ 모든 소유는 의식에 기반을 둔다. 모든 이득은 모으려는 의식의
결과물이고, 모든 손실은 흩어지려는 의식의 결과물이다.

__18__ 마음의 효율은 내면의 세계가 얼마나 조화로운가 그 정도에 달
렸다. 불화는 혼돈을 야기하기 때문에 능력을 얻고자 한다면 반
드시 자연의 섭리와 조화를 이루어야 한다.

__19__ 우리는 객관적인 의식에 의해 외부 세계와 연결되어 있다. 뇌는

이 객관적인 의식의 기관이고, 우리를 신체의 모든 부분과 의식적으로 교류하게 하는 뇌척수 신경계는 빛, 열, 냄새, 소리, 미각 등 모든 감각에 반응한다.

20 이 객관적인 의식이 진리를 이해하고 올바른 방향으로 생각을 이끌어간다면, 뇌척수 신경계를 통해 신체의 모든 부분으로 전달되는 생각이 건설적일 것이다. 그에 따라 모든 감각이 즐겁고 조화로울 것이다.

21 그 결과로, 우리 몸은 강인함, 생명력과 같은 건설적인 능력을 얻을 수 있다. 하지만 바로 이 객관적인 의식을 통해서 온갖 고통과 질병과 결핍과 한계 그리고 모든 형태의 불협화음도 우리 삶에 들어올 수 있기 때문에 객관적인 의식이 올바르지 않다면 우리 자신을 무너뜨리는 파괴적인 능력과 연결되는 것이다.

22 우리는 잠재의식을 통해 내면의 세계와 연결되어 있다. 태양신경총*은 내면의 기관이고, 교감신경계는 기쁨, 두려움, 사랑, 감정, 호흡, 상상력 그리고 다른 모든 잠재의식 현상 같은 주관적

---

* Solar Plexus. 복강신경총. 인체의 중심부에 위치한 명치를 말한다.

인 감각을 지배한다. 잠재의식을 통해 우리는 보편적 정신*과 연결되어 있고, 우주의 무한한 건설적인 능력과 연결된다.

23 삶의 큰 비밀은 객관적인 의식과 잠재의식이라는 우리 존재의 두 중심을 조화롭게 하고 각각의 기능을 이해하는 데 있다. 이 것을 알면 우리는 내면의 세계와 객관적인 의식의 협력을 이끌 어 우리의 미래를 스스로 통제하고 변덕스러운 외력에 절대 흔 들리지 않을 수 있다.

24 오직 하나의 원칙과 의식만이 온 우주를 차지하고, 존재의 모든 지점에 자리한다. 모든 생각과 사물이 그 안에 있으며, 이는 언 제나 매우 강력하고 언제나 매우 지혜롭다.

25 이 우주에서 생각할 수 있는 의식은 단 하나다. 이 유일한 의식 에서 생각이 일어날 때 그 생각은 하나의 대상으로 존재하게 된 다. 이 유일한 의식은 어디에서나 존재하는 것으로, 우리 한 사 람 한 사람의 내면에도 존재한다. 모든 사람은 이 유일하고도

---

* Universal Mind. 그리스의 철학자 아낙사고라스가 제시한 개념으로, 우주의 모든 존재와 생성의 근원이 되는 존재 즉, '신'을 암시한다. 이 책에서는 우주의 마음, 보 편적 의식 혹은 정신, 무한한 존재라고 칭하기도 한다.

전지전능한 의식이 외부로 표현된 것이다.

26 그러므로 우리의 의식은 우주의 보편적 의식과 동일하다고 할 수밖에 없다. 우주에서 생각할 수 있는 의식은 단 하나뿐이므로 모든 의식은 하나로 연결된다.

27 당신의 뇌세포에 집중되는 의식은 다른 모든 사람의 뇌세포에 집중되는 것과 같은 의식이다. 사람은 보편적 의식이 개별화된 존재다.

28 보편적 의식은 정지된 상태 혹은 잠재적 에너지와 같다. 단순히 존재하고 있을 뿐이다. 그것은 오직 개인을 통해서만 드러날 수 있으며, 개인 또한 보편적 의식을 통해서만 드러날 수 있다. 이 둘은 하나다.

29 사람의 사고력은 우주의 보편적 의식을 작용시켜 그것을 세상에 발현하게 하는 능력이다. 사람의 의식은 사고력에 있다. 워커는 이렇게 말했다. "마음은 정적인 에너지의 형태로 존재하는데, 이것이 의식을 통해 '생각'이라는 역동적인 활동을 일으키는 것이다. 마음은 정적인 에너지고, 생각은 동적인 에너지이며 둘

은 동일한 존재의 다른 발현이다." 그러므로 생각은 정적인 에너지를 동적인 에너지로 전환함으로써 하나의 대상으로 형성시키는 '진동력'이다.

30 모든 특성이 우주의 보편적 의식에 담겨 있고 이는 전지전능하고 유일하므로, 모든 사람의 내면에 잠재적인 형태로 존재한다. 따라서 우리가 무언가를 생각할 때 자연스럽게 그 생각의 기원, 즉 우주의 보편적 의식에 부합하는 조건을 따를 수밖에 없다.

31 모든 생각이 원인이고, 모든 조건은 결과다. 원하는 조건과 결과를 만들기 위해서는 생각과 원인을 올바르게 해야 한다.

32 모든 능력은 내면에서 뻗어나오며, 전적으로 당신의 통제하에 있다. 정확한 지식으로 만든 정확한 원칙에 따라 자발적으로 훈련하여 통제할 수 있다.

33 당신이 이 법칙을 완전히 이해하고 사고력을 통제할 수 있다면, 그것을 어떤 상황에서도 적용할 수 있을 것이다. 또한 만물의 근간이 되는 우주의 보편적 의식과 상응하는 전능한 법칙을 따라가는 것이다.

34 보편적 의식은 모든 원자의 생명이다. 모든 원자는 더 많은 생명을 발현시키기 위해 끊임없이 움직인다. 저마다 자신이 창조된 목적을 수행하고자 의식적으로 노력하는 것이다.

35 사람들은 외부의 세계에서 살아간다. 내면의 세계를 찾은 사람은 거의 없다. 그러나 외부의 세계를 만드는 것은 내면의 세계이다. 우리가 외부의 세계에서 발견하는 모든 것은 내면의 세계에서 창조력을 통해 형성된 것이다.

36 이 시스템은 당신이 외부의 세계와 내면의 세계, 이 둘의 관계를 이해할 때 체득할 수 있고 그를 통해 당신이 원하는 바를 실현하게 해줄 것이다. 내면의 세계는 원인이고 외부의 세계는 결과다. 결과를 바꾸기 위해서는 원인을 바꿔야 한다는 것을 기억하라.

37 대부분은 결과만 바꾸려 한다. 그것이 단지 껍데기만 바꾸는 작업이라는 것을 알지 못한다. 불화라는 결과를 없애기 위해서는 원인을 바꾸어야 한다. 원인은 내면의 세계에서만 찾을 수 있다.

38 모든 성장은 내면에서 이루어진다. 모든 식물과 동물, 인류는

이 위대한 법칙의 살아 있는 증거다. 오류는 이 법칙을 외부의 세계에서 찾는 데서 생겨난다.

39 내면의 세계는 무한한 공급의 샘이고, 외부의 세계는 강으로 나아가는 통로다. 우리가 능력을 얻을 수 있는가 없는가는 이 공급의 샘을 인식하는 데 달렸다. 여기서 뻗어나오는 무한한 에너지는 한 사람 한 사람을 배출구로 삼아 표현된다.

40 인식한다는 것은 하나의 정신작용이다. 정신작용은 보편적 의식과 개인 사이에서 일어나는 작용과 반작용이다. 보편적 의식은 모든 공간과 모든 사물에 생명을 불어넣고 그 모든 것의 작용과 반작용을 주관한다. 이것이 곧 인과의 법칙이다. 따라서 개인이 아닌 우주에서 이를 통제한다. 하지만 외부의 세계가 아닌 내면의 세계에서 일어나는 과정이며, 그 결과는 무한하고도 다양한 조건과 경험을 낳는다.

41 생명을 표현하기 위해서는 의식이 있어야 한다. 의식 없이는 무엇도 존재할 수 없다. 존재하는 만물은 그것을 창조하고, 끊임없이 재창조하는 근본 원료가 여러 형식으로 표현된 것이다.

<u>42</u> 우리는 마음의 원료가 가득한 광활한 바다에 살고 있다. 창조성의 재료로 쓰이는 마음의 원료는 생명력이 넘치고 활동적인 동시에 극도로 민감하다. 원료들이 의식의 요구에 따라 형태를 갖출 때 생각은 이 원료가 외부로 표현되기 위한 틀을 만든다.

<u>43</u> 이 모든 것이 우주와 인간과 삶을 관통하고 있는 세상의 법칙들이다. 이 법칙들은 오직 실제로 적용할 때에만 가치를 창출한다. 이 법칙들을 온전히 이해할 때 가난을 풍요로, 무지를 지혜로, 불화를 조화로, 독재를 자유로 바꿀 수 있다.

<u>44</u> 이제 적용할 차례다. 누구의 방해도 받지 않고 혼자 있을 수 있는 방을 골라서, 편안한 자세로 앉아라. 그러나 올곧은 자세를 유지하여 긴장을 풀지는 말라. 생각이 마음대로 떠다니게 하되, 15분에서 30분 동안 온몸을 평온의 상태로 유지하라. 이 과정을 3일, 4일 혹은 일주일간 반복하면서 스스로의 몸을 완전히 다스릴 수 있도록 하는 것이다.

<u>45</u> 누군가는 이 과정을 쉽게 해내겠지만 누군가에게는 지극히 어려운 일일 것이다. 하지만 다음 단계로 가기 전에 이 과정을 완전히 터득하여 스스로의 몸을 다스릴 수 있도록 해보자.

The Secret of Wealth and Sucess

MASTER KEY SYSTEM

CHAPTER 02

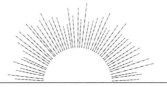

부의 흐름을 바꾸는
마음의 원리

01 마음의 작용은 평행선을 달리는 두 가지 활동 방식과 관련이 있
   다. 하나는 의식에 따른 것이고 다른 하나는 잠재의식에 따른
   것이다. 데이비슨 교수는 이렇게 말했다. "자신이 지닌 의식의
   빛으로 정신작용의 모든 범위를 비추려고 하는 사람은 양초 불
   빛으로 우주를 비추려고 하는 사람이나 다름없다."

02 잠재의식은 그 오류의 가능성이 존재한다는 것이 불가능할 정도
   의 확실성과 규칙성을 가지고 있다.

03 잠재의식은 자비를 베푸는 사람처럼 우리의 이익을 위해 일하
   여 잘 무르익은 열매만을 얻게 한다. 이 과정을 자세히 분석해
   보면, 잠재의식은 가장 중요한 정신현상을 상영하는 극장과 같
   다는 것을 알 수 있다.

04 이 잠재의식을 통해서 셰익스피어는 사람들의 의식에 숨어 있던 위대한 진리를 발견했다. 또, 페이디아스는 대리석과 청동을 만들었고, 라파엘로는 마돈나를 그렸으며, 베토벤은 교향곡을 작곡했다.

05 의식에 의존하지 않을수록 더 완벽하다. 피아노 연주, 스케이트 타기, 타자기 조작, 숙련된 기술 등은 잠재의식에 의존할 때 더 완벽하게 수행할 수 있다. 피아노를 멋지게 연주하는 동시에 활발한 대화를 나누는 것과 같은 행동은 우리가 지닌 잠재의식의 위대함을 보여준다.

06 우리는 모두 우리가 잠재의식에 얼마나 의존하고 있는지 알고 있다. 우리의 생각이 더 크고 넓게 뻗어나갈수록, 더 밝은 혜안에 가까워질수록 눈에 보이지 않는 저 너머에 기원이 있다는 사실이 분명해진다. 우리는 우리가 제대로 알지 못하는 근원지로부터 아름다운 예술과 음악을 만들 수 있는 감각을 부여받았다.

07 잠재의식의 가치는 대단하다. 잠재의식은 우리에게 기억의 창고에서 찾아낸 이름들과 장면들로 영감을 주거나 경고를 보낸다. 우리의 생각과 취향을 지휘하며, 의식 수준에서는 어떻게

해도 어려운 복잡한 일까지 해낼 수 있도록 한다.

08 우리는 의지대로 걸을 수 있다. 원할 때마다 팔을 들어 올릴 수
있고, 눈과 귀를 통해 어떤 것이든 받아들이면서 기뻐하고 슬퍼
할 수 있다. 하지만 심장박동이나 혈액순환, 키의 성장, 신경 및
근육 조직의 형성, 뼈의 형성과 같은 생명과 직결되는 많은 과
정을 멈출 수는 없다.

09 이 두 가지 활동 방식을 비교해보면, 다르게 표현해서 의식에 따
라 순간순간 바뀌는 행동과 잠재의식에 따라 규칙적이고 리드
미컬하게 이루어지는 행동을 비교해보면, 잠재의식에 대한 경외
심이 생기고 그 신비에 대해 궁금해질 것이다. 이는 분명 우리의
삶에서 너무나도 중요한 과정이라서 변화하고 변형되는 의지의
영역에서 일부러 제외돼 있다는 것을 확인할 수 있다.

10 이 두 가지 활동 방식 중에서 의지의 영역에 속한 것은 변하기
쉽다. '의식적 마음' 또는 '객관적 정신'이라고 부르며 우리가 의
식해서 외부로 표출하는 말과 행동을 가리킨다. 정신작용과 '잠
재적 마음' 또는 '주관적 정신'이라고 부르며 내부에 속한 것은
정신작용과 신체의 모든 흐름이 규칙적으로 움직일 수 있도록

컨트롤한다.

11 이들이 각각 어떤 정신작용을 담당하는지뿐만 아니라 그와 관련한 다른 기본 원칙에 대해서도 명확히 이해할 필요가 있다. 의식은 오감을 통한 인식과 작용을 통해 외부의 세계에 속한 사물에 대처한다.

12 이는 선택의 책임을 수반하는 분별력을 지니고 있다. 귀납적, 연역적, 분석적 혹은 삼단논법적인 추론력을 말하는데, 이 능력을 높은 수준으로 끌어올릴 수 있다. 이것이 모든 에너지의 근원이 되는 의지의 중심이다.

13 이는 다른 사람의 마음을 움직일 수 있으며, 잠재의식을 이끌 수 있다. 이런 방법으로 의식은 잠재의식의 지배자이자 보호자의 역할을 한다. 이 고도의 기능이 당신의 삶을 완전히 바꿔놓을 수 있다.

14 두려움, 걱정, 가난, 질병, 부조화 그리고 모든 종류의 악이 우리를 지배하게 되는 것은, 잠재의식이 이 모든 것에 대해 무방비하기 때문이다. 바로 이를 방지하기 위해 의식적인 차원에서 경

계를 훈련하는 것이다. 이렇게 훈련된 의식은 헤아릴 수 없이 넓은 잠재의식의 영역을 온갖 악으로부터 보호하는 '문지기'라고 불린다.

15 어떤 저자는 정신의 두 단계의 주요한 차이점을 다음과 같이 표현했다. "의식은 추론하는 의지다. 잠재의식은 본능적인 욕구이며, 추론하는 의지에서 비롯한 산물이다."

16 잠재의식은 외부의 세계에서 접한 전제들로 정확한 추론을 도출한다. 이 전제들이 올바른 것일 경우에는 잠재의식은 완벽한 결론에 도달한다. 하지만 오류가 있는 경우에는 구조 전체가 무너지게 된다. 잠재의식은 증명과정에는 관여하지 않는다. 문지기 역할을 하는 의식이 그것을 담당하고 판단한다.

17 외부의 세계로부터 얻어낸 정보를 참으로 판단했을 경우, 잠재의식은 즉시 이를 받아들여 자신의 모든 활동 부분에 적용한다. 의식은 진실과 오류를 판단할 수 있다. 하지만 오류를 가려내지 못할 경우에는 삶 전체에 크나큰 위험을 불러온다.

18 의식은 깨어 있는 동안 쉬지 않고 일해야 한다. 문지기 역할인

의식이 경계를 게을리한다거나 이성적인 판단을 하지 못하고 있다면, 잠재의식은 무방비 상태가 되어 외부의 세계를 통해 접하는 모든 전제를 거름망 없이 받아들이게 된다. 패닉 상태, 주체할 수 없을 정도로 몹시 화난 상태, 충동을 절제하지 못하는 상태, 걱정에 시달리는 상태, 광기로 집단행동을 감행하는 상태에 놓였을 때가 가장 위험하다. 이때 잠재의식은 두려움, 증오, 이기심, 탐욕, 자기 비하뿐 아니라 주변 사람들과 상황에서 비롯하는 모든 부정적 영향력에 속수무책이 된다. 아주 위험한 상황을 야기하거나 삶 전반에 부정적인 영향이 지속될 수 있다. 이로부터 잠재의식을 지키는 일이 매우 중요하다.

19 잠재의식은 모든 것을 직관적으로 인지한다. 따라서 그 처리 속도가 매우 빠르다. 의식 차원에서의 추론처럼 증명하고 판단하는 과정을 거치지 않는다.

20 잠재의식 또한 심장이나 혈액처럼 잠을 자거나 쉬는 법이 없다. 이 잠재의식에게 목표를 심어주기만 해도 원하는 결과를 달성할 힘이 작동한다는 사실을 밝혔다. 이것이 우리가 가지는 모든 능력의 원천이며, 시간을 들여 연구할 만한 가치가 있는 삶의 법칙이다.

21 이 법칙이 운용되는 방식은 매우 흥미롭다. 이 법칙을 찾은 사람은 이러한 경험을 한다. 어떤 사람과의 어려운 면접을 예상하고 나갔는데, 앞서 있었던 무언가가 예상했던 문제를 해결해놓았을 뿐만 아니라 모든 것이 조화를 이루고 있는 것이다. 모든 것이 적절하게 준비되어 있으며, 만일 어려운 문제를 맞닥뜨린 경우에도 적절한 해결책이 생겨날 것을 안다. 잠재의식을 신뢰하는 사람은 자신의 삶에 마르지 않는 무한한 자원이 있다는 사실을 깨닫고 그것을 동력으로 삼는다.

22 우리의 원칙과 열망은 잠재의식 안에 자리 잡고 있다. 예술적, 이타적 이상의 원천이 곧 잠재의식이다. 잠재의식에 따른 직관을 바꾸고 싶다면, 그 바탕에 있는 기존의 원칙들을 바꿔야 하는데, 오직 정교하고 점진적인 과정을 거쳐야만 전복시킬 수 있다.

23 잠재의식은 앞서 이야기했듯이 직관적이기에 논쟁할 수 없다. 외부의 세계로부터 잘못된 인상을 받아들였다면, 이를 극복하는 확실한 방법은 그 반대의 인상을 반복해서 암시하는 것이다. 잠재의식은 결국 습관처럼 다루는 수밖에 없다. 건강한 생각을 자주 암시하고 올바른 생활방식을 반복해야 한다. 우리가 반복적으로 하는 행동은 시스템이 된다. 더 이상 선택과 판단으로

하는 행동이 아니라 잠재의식 속에 깊이 각인되어 자연스럽게 행하게 되는 것이다.

건강하고 좋은 습관을 지녔다면 삶에 유익하지만 해롭고 잘못된 습관을 지녔다면 그것으로부터의 자유와 극복의 출발점을 잠재의식으로 정해야 하는 것이다. 잠재의식은 창조적이고 우리 존재의 신성한 근원과 하나이므로, 잘못된 습관으로부터의 자유를 즉시 얻어낼 수 있을 것이다.

24 또, 잠재의식은 육체의 생명 활동과 관련한 기능을 한다. 생명을 유지하고, 건강을 회복하고, 자손을 보살피고, 더 나은 상태로 나아가려는 본능을 포함한다.

25 정신적인 측면에서 잠재의식은 기억의 저장고 기능을 한다. 그곳에는 시공을 뛰어넘어 깊이 사유하는 사자(使者)가 살고 있다. 또, 실질적인 주도력과 건설적인 힘이 샘솟는 원천인 동시에 습관의 시작점이다.

26 영적인 측면에서 잠재의식은 이상과 열망, 상상의 원천이며 우리의 신성한 근원을 인식하는 매개다. 우리가 신의 존재를 인정할수록 능력의 근원에 대해 더 잘 이해할 수 있는 것이다.

27 누군가는 "어떻게 잠재의식이 조건을 바꿀 수 있나요?"라고 묻는
다. 그 질문에 대해서는 잠재의식이 우주의 마음 그 일부이기 때
문이라고 답할 수 있다. 이미 우리가 이야기해왔듯이 우주의 마
음은 이 세상 모든 것의 유일한 창조자다. 우주의 마음은 생각으
로써 만물을 구현해낸다. 그 만물 가운데 우리가 있으며, 우리의
잠재의식도 그 일부이니, 전체적으로 봤을 때 우리 존재는 우주
의 마음 그 일부가 되는 것이다. 조건을 바꿀 수 있는 것도 모든
것이 하나의 근원, 즉 우주의 마음 그 일부이기 때문이다.

28 우리는 단순히 생각하는 것과 의식적으로, 체계적으로, 건설적
으로 생각을 이끌어나가는 것 사이에는 크나큰 차이가 있다는
것을 발견하게 될 것이다. 우리가 후자의 경우를 따른다면 우
리의 마음과 우주의 마음이 조화를 이루고, 이 세상에 존재하는
힘 중 가장 강력한 힘 즉, 우주의 마음에서 발생하는 창조력이
작동한다. 이는 다른 모든 것과 마찬가지로 자연의 법칙을 따르
는데, 이를 '끌어당김의 법칙'이라 부른다.

29 1장에서 나는 당신에게 스스로의 몸을 완전히 다스릴 수 있는
방법을 알려줬다. 내가 주문한 대로 당신이 이 방법을 터득했다
면 다음 스텝으로 전진할 준비가 된 것이다. 이번에는 당신의

생각을 다스릴 수 있는 방법을 알려줄 것이다. 가능하면 항상 같은 방, 같은 의자, 같은 자세로 앉아서 연습해보라. 어떤 경우에는 같은 방에 있는 것이 불편하게 느껴질 수도 있다. 자신이 편안한 환경에서 연습하면 된다. 이제 모든 움직임을 멈추고 모든 생각을 억제해보라. 이는 당신의 머릿속에 있는 걱정, 두려움, 의지를 다스릴 수 있도록 해줄 것이다. 당신이 원하는 생각만 할 수 있게 해줄 것이다. 완전히 숙달될 때까지 이 연습을 계속해보자.

30 이 연습에 오랜 시간을 투자할 수는 없을 것이다. 하지만 이 연습을 통해서 당신 내면의 세계에 하루에도 얼마나 많은 생각이 침투하려고 하는지 알아차릴 수 있다는 점에서 가치가 있을 것이다.

31 3장에서는 조금 더 흥미로운 이야기를 함께 나눌 것이다. 하지만 그전에 먼저 생각을 다스릴 수 있는 방법을 터득해야 한다.

The Secret of Wealth and Sucess

MASTER KEY SYSTEM

CHAPTER 03

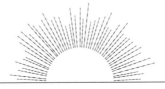

당신과 무한한 능력은
하나다

01 의식과 잠재의식이 원활한 상호작용을 이루기 위해서는, 각각 상응하는 신경계 사이에서 유사한 상호작용이 일어나야 한다. 트로워드 판사는 이 상호작용이 어떻게 영향을 미치는지에 대해서 다음과 같이 설명한다. "뇌척수 신경계는 의식의 기관이고, 교감신경계는 무의식의 기관이다. 뇌척수 신경계는 우리가 신체 감각을 의식적으로 감지하고 그 움직임을 제어하는 통로다. 이 신경계는 뇌에 중심을 두고 있다."

02 교감신경계는 태양신경총이라고 부르는, 위의 뒤쪽 신경절에 중심을 두고 있으며, 신체의 중요한 기능을 지탱하는 무의식적 정신작용의 통로다.

03 이 두 신경계는 미주 신경으로 연결되는데, 이는 자발적인 시스

템을 따른다. 대뇌 영역을 지나 심장과 폐로 그 가지를 뻗치며, 횡경막과 외피를 통과하여 교감신경계의 신경과 동일시된다. 둘 사이의 연결고리를 형성하고 인간을 물리적인 하나의 실체로 만든다.

04 앞에서 우리는 모든 생각이 의식의 기관인 뇌에 의해 받아들여지는 것을 봤다. 여기에서 생겨난 추론력을 바탕으로 객관적 정신이 그 생각을 사실이라고 만족할 때 그것은 주관적 정신의 태양신경총으로 전달되어 우리의 육체를 형성하고 세상에 그 모습을 드러낸다. 잠재의식은 논쟁할 수 없고 단지 직관을 행동으로 옮길 뿐이므로 이 과정을 바라보고 객관적 정신이 내린 결론을 최종적으로 받아들인다.

05 태양신경총은 신체가 지속적으로 생성하는 에너지의 중심점이기 때문에 신체의 태양에 비유된다. 하지만 몸 안에 흐르는 에너지는 실제적인 것이며, 매 순간 몸의 모든 부분으로 분배될 뿐만 아니라 몸을 감싸고 있는 대기 속으로 그 에너지를 내뿜는다.

06 몸 밖으로 방사되는 에너지가 매우 강한 사람에게는 '자성'이 있다고 표현한다. 다시 말해 사람을 끌어당기는 자성으로 가득 차

있다고 한다. 자성이 있는 사람은 영원토록 엄청난 능력을 행사할 수 있다. 그의 존재만으로도 모든 사람의 마음에 평안을 줄 수 있다.

07 태양신경총이 활발하게 작동하고 그 활력과 에너지를 신체뿐만 아니라 그 바깥에까지 내뿜을 수 있다면, 당신을 만나는 모든 사람이 당신이 전해주는 에너지 덕분에 즐거움을 느끼고 건강을 얻는다.

08 그러나 이 에너지의 흐름이 원활하지 않다면, 신체로 흘러나가는 에너지의 공급도 중단된다. 이는 모든 신체적, 정신적 질병의 근원이 된다.

09 신체의 태양이 신체의 흐름을 원활하게 만드는 에너지를 생성하지 않기 때문에 질병이 생긴다. 의식이 생각을 뒷받침하는 데 필요한 활력을 잠재의식으로부터 전달받지 못해 정신적 질병의 근원이 되며, 환경적으로도 잠재의식과 우주의 마음 사이의 연결이 중단되는 원인이 된다.

10 태양신경총은 부분과 전체가 만나는 지점이다. 유한한 것이 무

한이 되고, 아직 창조되지 않은 것이 창조되고, 우주가 개별화
되고, 보이지 않던 것이 보이게 된다. 생명이 탄생하는 지점인
동시에 개인이 이 태양 중심에서 만들어낼 수 있는 생명의 양에
는 제한이 없다.

11 이 에너지의 중심은 모든 생명체와 모든 지능과의 결합점인 이
유로 전능하다. 의식에 따라 성취하도록 지시된 것은 무엇이든
성취할 수 있다. 이때 잠재의식은 의식이 제안하는 계획과 아이
디어를 수행한다.

12 의식 차원에서의 생각은 몸 전체에 생명과 에너지를 발산하는
태양신경총의 주인이다. 우리가 품는 생각의 질은 태양신경총
이 발산할 생각의 질을 결정하고, 우리가 품는 생각의 성격은
태양신경총이 발산할 생각의 성격을 결정한다. 또, 우리가 품는
생각의 본성은 태양신경총이 발산할 생각의 본성을 결정한다.

13 그러므로 우리는 자신의 빛을 드러내기만 하면 된다. 우리가 더
많은 에너지를 발산할수록 좋지 않았던 모든 조건을 즐거움과
이익의 원천으로 더 빨리 변화시킬 수 있다. 그렇다면 중요한
질문은 어떻게 더 많은 에너지를 발산하고 어떻게 자신의 빛을

드러낼 것인가, 그것이다.

14 비저항적 사고, 열린 생각은 태양신경총을 확장시킨다. 저항적 사고, 닫힌 생각은 태양신경총을 수축시킨다. 마찬가지로 즐거운 생각은 태양신경총을 확장시키고, 불쾌한 생각은 그것을 수축시킨다. 용기, 힘, 자신감, 희망에 대한 생각은 우리가 스스로의 빛을 드러내는 데 도움이 되지만 그전에 절대적으로 떨쳐내야 하는 한 가지 생각은 바로 두려움이다. 두려움은 태양을 가리는 구름과도 같아서 반드시 추방되어야 한다.

15 두려움이라는 악마로 인해 우리는 과거와 현재, 미래를 불안해하는 것이다. 적들뿐만 아니라 친구들과 나 자신까지도, 모든 것과 모든 이를 두려워하게 된다. 두려움이 완전히 제거되어야만 태양을 가리던 구름이 흩어지고, 모든 능력과 에너지, 생명의 근원인 당신 자신을 빛낼 수 있을 것이다.

16 자신이 무한한 능력과 하나라는 것을 알게 될 때, 자신의 생각으로 어떤 불리한 조건도 극복할 수 있다는 것을 알게 될 때, 당신의 능력을 실제적으로 발휘하여 성취를 얻을 수 있다는 사실을 알게 될 때 당신은 더 이상 두려워할 것이 없을 것이다. 두려움

은 사라지고 당신 자신의 타고난 능력을 행사하게 될 것이다.

17 우리가 삶에서 겪을 경험들은 모두 삶에 대한 우리의 태도로 결정된다. 우리가 아무것도 기대하지 않는다면 얻을 수 있는 것도 없다. 우리가 많은 것을 요구한다면 얻을 수 있는 것도 많다. 세상이 가혹하다고 느껴지는 이유는 스스로 자신의 생각을 바깥으로 내보여 그를 실현하기 위한 자리를 마련하지 않았기 때문이다. 쏟아질 비판에 대한 두려움 때문에 많은 생각이 빛을 보지 못한다.

18 그러나 자신이 태양신경총을 가지고 있다는 것을 아는 사람은 비판을 두려워하지 않는다. 성공을 기대하는 태도로 용기, 자신감, 능력을 발산하느라 시간이 모자랄 것이다. 그 앞에 놓인 의심과 두려움의 장벽들을 산산조각내고 그 너머를 향해 달려갈 것이다.

19 의식적인 차원에서 건강함과 강인함, 조화로움을 발산할 수 있다는 사실을 깨닫기만 한다면, 우리 자신이 무한한 능력의 소유자로서 두려워할 것이 없다는 것을 알게 될 것이다.

20 이 사실은 여기서 제시하는 지침들을 실제로 삶에 적용해야만 깨달을 수 있다. 운동선수가 연습을 통해 강력해지듯이 우리 또한 행동으로 옮겨야 한다.

21 다음에 이어질 내용은 상당히 중요하기 때문에 여러 가지 방식으로 설명하여 그 의미를 완전히 파악할 수 있도록 할 것이다. 당신이 종교를 가지고 있다면 나는 "당신은 스스로 빛을 낼 수 있다"고 말하겠다. 당신이 자연과학에 관심을 가지고 있다면 나는 "당신은 태양신경총을 깨울 수 있다"고 말하겠다. 당신이 과학적 해석을 원한다면 "당신은 잠재의식에 깊은 인상을 줄 수 있다"고 말하겠다.

22 앞에서 이렇게 인상을 각인한 결과가 무엇인지 언급했었다. 이제 말할 것은 그렇게 하는 방법에 관한 것이다. 당신은 이미 잠재의식이 지능과 창조력을 가지고 있으며 의식적인 차원에서의 의지에 반응한다는 것을 알고 있다. 여기에 당신이 원하는 인상을 각인하는 가장 좋은 방법은 무엇일까? 당신이 원하는 대상에 마음을 집중하는 것이다. 당신이 온 신경을 집중할 때 잠재의식에 깊은 인상을 남길 수 있다.

23 이것이 유일한 방법은 아니지만 가장 간단하고, 효과적이며, 좋은 결과를 보장한다. 많은 사람이 이 방법을 통해서 기적을 얻었다고 말한다.

24 이 방법을 통해 모든 위대한 발명가, 모든 위대한 금융가, 모든 위대한 정치가가 자신이 지닌 욕망, 믿음, 자신감, 잠재력을 객관적 외부의 세계에서 실제적인 형태로 구현해냈다.

25 잠재의식은 보편적 정신의 일부다. 보편적 정신은 우주의 창조적 원리를 따른다. 앞서 이야기했듯이 부분과 전체는 그 본성과 바탕이 같을 수밖에 없다. 이 말인즉슨 잠재의식의 창조력이 우주의 일부이므로 그와 같이 무한하다는 뜻이다. 과거의 어떤 것에 의해서도 구속받지 않으며, 이 창조의 원리를 적용하는 기존의 패턴도 없다.

26 우리는 잠재의식이 의식에 반응한다는 사실을 알고 있다. 잠재의식의 무한한 창조력은 개인의 의식이 제약하는 정도에 따른다.

27 이 원칙을 실제 삶에 적용할 때 의식의 차원에서 잠재의식에게 원하는 결과를 도출하는 방법을 요약해서 설명할 필요는 없다

는 것을 기억하라. 유한한 존재는 무한의 존재에게 가르칠 수 없다. 단순히 원하는 것을 이야기할 뿐, 어떻게 그것을 얻을 것인가에 대해 이야기할 필요는 없다.

28 당신은 아직 덩어리 상태의 것을 나누어 전달하는 통로이며, 이 과정은 보편적 정신의 승인에 따라 진행된다. 당신이 원하는 결과가 나오게 하려면 인상을 각인하기만 하면 된다. 보편적 정신은 사람의 생각을 통해서만 작용할 수 있고, 사람의 생각은 보편적 정신을 통해서만 작용할 수 있다. 둘은 하나인 것이다.

29 이번에는 전혀 몸을 움직이지 않고도 모든 생각을 제어해보는 훈련을 해보자. 긴장을 풀고 근육을 이완시켜 보라. 그리하면 신경에서 모든 압박이 사라지고 몸을 짓누르던 긴장이 사라질 것이다.

30 몸을 이완하여 긴장에서 벗어나게 하는 것은 의지의 자발적 운동이며, 이는 뇌와 신체에 혈류가 원활하게 흐를 수 있게 해준다. 이 방법을 터득하기만 하면 굉장히 효과가 크다는 것을 실감할 수 있을 것이다.

31 긴장은 정신적 불안과 비정상적인 행동을 유발한다. 더 큰 걱정과 불안을 낳기 때문에 몸을 이완하여 신체와 정신을 긴장에서 벗어나게 하여 최대한 자유롭게 두어야 한다.

32 이 운동을 가능한 철저하고 완전하게 연습하라. 더없이 몸이 평온하고, 세상과 자신을 평화롭게 인식할 수 있을 때까지 모든 근육과 신경을 이완시켜라.

33 이 방법을 터득한다면 태양신경총이 제대로 기능할 준비를 마칠 것이고, 당신은 그 결과에 놀라게 될 것이다.

The Secret of Wealth and Sucess
MASTER KEY SYSTEM

CHAPTER 04

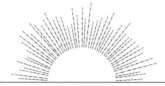

당신이 생각하는 것이
곧 당신이다

01 당신이 '나'라고 부르는 실체는 몸이 아니다. 몸은 '나'가 목적을
    수행하기 위해서 사용하는 도구다. '나'는 마음도 아니다. 마음
    은 단순히 '나'가 생각하고, 추론하고, 계획하는 데 사용하는 또
    다른 도구다.

02 '나'는 몸과 마음을 통제하고 지시하는 것이어야 한다. 몸과 마
    음이 무엇을 해야 하는지, 어떻게 행동할 것인지를 결정하는 것
    이다. 당신이 이 '나'의 참된 본성을 깨닫는다면 당신이 그 이전
    에는 알지 못했던 능력과 그 위력을 누리게 될 것이다.

03 당신의 성격은 무수한 특성과 습관으로 구성된다. 당신의 성격은
    당신의 사고방식에 따른 것이지만 진정한 '나'와는 관련이 없다.

04 당신이 "나는 생각한다"고 말할 때 여기서 말하는 '나'는 마음이 무엇을 생각하고 있는지를 말하는 것이다. 당신이 "나는 간다"고 말할 때 여기서 말하는 '나'는 몸이 어디로 갈 것인지를 말하는 것이다. '나'의 참된 본성은 영적인 것인데, 우리 모두가 자신의 참된 본성을 깨달을 때 오는 참된 힘의 근원이다.

05 이 '나'에게 주어진 가장 위대하고 가장 놀라운 능력은 바로 생각하는 능력인데, 사실 건설적이고 올바르게 생각하는 방법을 아는 사람은 찾아보기 힘들다. 대부분의 사람은 자신의 생각을 이기적인 목적과 성숙하지 못하고 유아적인 욕망을 실현하는 데 쓴다. 이것을 깨닫고 성숙해지면 실패의 원인이 모든 이기적인 생각 속에 있다는 것을 이해하게 된다.

06 훈련된 마음은 모든 거래가 어떤 식으로든 그와 관련된 모든 사람에게 이익이 되어야 하며, 다른 사람의 약점과 무지를 악용하여 이익을 얻으려는 시도는 필연적으로 그에게 불리하게 작용할 것임을 알게 된다.

07 그 이유는 개인이 우주의 일부이기 때문이다. 일부에 속한 가운데 한 부분이 다른 부분을 적대시할 수 없다. 또, 한 부분의 복

지는 전체의 이익으로 이어진다.

08 이 사실을 알고 있는 사람들은 삶에서 큰 이점을 얻는다. 그들은 스스로를 지치게 하고 방황하게 하는 생각을 제거할 수 있다. 어떤 주제든 그들이 중요하게 여기는 것에 집중할 수 있다. 자신에게 아무 이득도 주지 않는 물건이나 관계에 시간과 돈을 낭비하지 않는다.

09 당신이 이 사실을 삶에 적용할 수 없다면 아직 필요한 노력을 기울이지 않았기 때문이다. 결과는 내가 쏟은 노력과 정확히 비례한다. 이제부터 노력하면 된다. 의지를 강화하고 성취할 수 있는 능력을 깨닫게 하는 가장 강력한 확언 중 하나를 소개하겠다. "나는 내가 되고자 하는 사람이 될 수 있다."

10 이 확언을 반복해서 말할 때마다 '나'가 어떤 존재인지, 무엇을 할 수 있는지 깨닫도록 하라. '나'의 참된 본성을 온전히 알아야 한다. 그렇게 하면 당신은 천하무적이 될 것이다. 만일 당신의 목적과 목표기 건설직이고 그렇기에 우주의 창조 원칙과 조화를 이루고 있다면 말이다.

11 이 확언을 자기암시로 사용할 때는 꾸준히 아침저녁으로 말하고, 낮에도 생각날 때마다 말하도록 하라. 그것이 당신의 일부가 될 때까지 계속하라. 습관이 되도록 만들어라.

12 현대 심리학은 우리가 무언가를 시작해놓고 그것을 완료하지 않거나 결심은 해놓고 그것을 지키지 않을 때 습관 형성에 실패했다고 말한다. 당신도 이와 같은 결과에 그치고 말 것이라면 아예 시작하지 않는 편이 좋다. 하지만 한번 시작해보겠다고 마음을 먹었다면 하늘이 무너지더라도 지속하라. 당신이 무언가를 하기로 마음먹었다면 그것을 하라. 아무도, 아무것도 당신을 방해할 수 없다는 것을 기억하라. 당신 안의 '나'가 결정한 일을 행하라. 주사위를 던진 후에는 논쟁이 따라오지 않는다.

13 만일 당신이 이 습관을 실행한다면, 당신이 통제할 수 있는 작은 것들부터 시작하여 점차적으로 노력을 증가시켜라. 그러나 당신 안의 '나'가 도무지 이 습관을 따라주지 않는다면 당신은 결국 스스로를 통제할 수 없을 것이다. 그리고 이 세상 모두가 그들 자신보다 왕국 하나를 통제하는 것이 더 쉽다는 사실을 깨달을 것이다.

14 그러나 당신이 자신을 통제하는 법을 터득한다면 마침내 '내면의 세계'를 발견하게 될 것이다. 당신 안의 '나'도 더 이상 저항할 수 없을 것이다. 이 세상의 모든 사람과 모든 사물이 당신이 애쓰지 않아도 당신의 모든 소원에 응답할 것이다.

15 '내면의 세계'가 '나'에 의해 통제되고, 이 '나'가 '신'이라고 불리는 우주의 에너지와 하나라는 것을 알게 될 것이다.

16 이는 단순히 어떤 사상을 확증하기 위한 목적으로 지어낸 이론이 아니라, 최고의 과학적 사상뿐만 아니라 최고의 종교 사상에 의해서도 받아들여진 사실이다.

17 허버트 스펜서는 "우리를 둘러싼 모든 신비가 모든 것이 끊임없이 순환하는 무한하고 영원한 에너지 안에 있다는 것보다 분명한 사실은 없다"고 말했다.

18 라이먼 애벗은 뱅고어 신학교 졸업생들 앞에서 이렇게 말했다. "우리는 하나님을 외부에서 사람들에게 여러 일을 행하시는 분이 아니라 사람 안에 거하시는 분으로 생각한다."

19 과학은 약간의 탐색에서 그친다. 과학은 언제까지나 존재하는 영원한 에너지를 발견해냈고, 종교는 이 에너지 배후에 있는 영적인 근원이 사람 안에 있다고 말한다. 그러나 이는 결코 새로운 발견이 아니다. 성경에서 "너희가 살아계신 하나님의 성전인 줄 알지 못하느냐"라고 말하고 있는 것처럼 우리 안에 에너지가 살아 숨 쉬는 것은 이미 알고 있는 사실이다. 바로 이 사실, '내면의 세계'가 지닌 놀라운 창조력의 비밀을 우리 안에서 일깨워야 한다.

20 여기에 능력과 완성의 비밀이 있다. 만물을 뛰어넘는다는 것은 만물을 모두 버리고 사는 것을 의미하지 않는다. 욕망과 소유를 저버리는 것은 성공이 아니다. 우리는 얻지 못하면 줄 수 없다. 우리는 강하지 않으면 도움이 될 수 없다. 무한한 에너지를 대표하는 우리는 파산해서는 안 된다. 우리가 다른 사람들에게 도움이 되기를 원한다면 더 큰 힘이 있어야 하는데, 힘을 얻으려면 먼저 반드시 주어야 한다. 봉사해야 하는 것이다.

21 더 많이 줄수록 더 많은 것을 얻을 수 있다. 앞서 말했듯이 우리는 우주의 마음이 자신을 표현할 수 있는 통로다. 우주는 끊임없이 자신을 표현하고, 봉사하려고 노력하며, 가장 크게 실현할

수 있는 통로를 찾는다. 인류에게 가장 큰 이득을 줄 수 있는 가장 좋은 통로를 찾는다.

22 당신이 스스로의 계획, 스스로의 목적을 행하는 것에 골몰해 있다면 우주의 마음은 당신을 통해 자신을 표현할 수 없다. 감각을 고요히 하고, 영감을 찾고, 내면의 세계에 정신을 집중하고, 스스로가 우주의 마음과 하나라는 것을 잊지 말라. "잔잔한 물이 깊다." 우주의 마음은 언제든 어느 곳에서든 존재하니 그와 닿을 수 있는 기회들에 대해 생각해보라.

23 이러한 영적 연결에 도움이 될 수 있는 상황과 조건들을 그려보라. 모든 것의 본질은 영적인 것이라는 사실을 깨닫고, 그것이 실체라는 것을 잊지말라. 영이 사라지면 생명도 사라진다. 더 이상 존재하지 않는 것이다.

24 정신작용은 내면의 세계, 원인의 세계와 관련이 있다. 조건과 상황이 그 결과다. 그것을 형성하는 주체인 당신은 창조자가 된다. 이는 아주 중요한 일이며, 당신이 생각할 수 있는 더 높고, 더 위대하고, 더 고귀한 이상일수록 그 일은 더욱 중요해질 것이다.

25 어떤 종류든 과도한 일이나 과도한 놀이, 과도한 신체 활동은, 정신을 자극에 무감각한 상태, 침체의 상태에 놓이게 만든다. 그로 인해 의식적인 차원에서 능력을 발휘하고 그것을 실현하는 일을 불가능하게 만든다. 따라서 우리는 더 자주 침묵으로 돌아와 그곳에 머물러야 한다. 우리가 자신을 고요한 상태에 놓아둘 때 비로소 성취에 도움이 되는 생각이 떠오른다.

26 생각은 유동적이다. 빛이나 전기와 같은 '진동의 법칙'에 의해 전달된다. 감정은 사랑의 형태로 생각에 활력을 주고, 생각은 성장의 형태로 그 모습을 표현한다. 그것은 영적인 '나'의 산물이자 창조적인 본성의 구현이다.

27 분명한 것은 힘이나 풍요 또는 다른 건설적인 목적을 이루기 위해서는 감정이 생각에 영향을 주어 그것이 성장으로 이어지고 형태를 이루도록 해야 한다는 것이다. 이 목적을 어떻게 달성할 수 있는가, 이것이 중요한 부분이다. 어떻게 하면 믿음, 용기, 느낌을 성취로 완성시킬 수 있는가?

28 훈련을 통해서 가능하다. 정신력은 운동을 해서 체력을 기르는 것과 똑같은 방식으로 기를 수 있다. 물론 처음에는 어려움을

겪을 수 있다. 하지만 다시 시도할 때에는 조금 더 수월할 것이다. 반복할수록 습관이 되고 정신력이 길러질 것이다. 같은 것을 생각하고 또 생각하다 보면 그 생각이 습관이 된다. 무의식 중에 그 생각을 하는 경지까지 도달한다면 더 이상 그 생각에 대한 의심도, 두려움도 없이 확신만이 존재한다.

29 3장에서 나는 당신에게 몸을 이완하고 긴장에서 벗어나기를 요청했다. 이제 나는 당신에게 정신을 이완하고 긴장에서 벗어나라고 요청할 것이다. 이전 지침에 따라 하루에 15분 또는 20분 동안 '몸의 자유'를 연습했다면, 마음만 먹으면 곧바로 몸의 긴장을 풀고 자유롭게 놓아줄 수 있을 것이다. 아직 서투른 사람도 있겠지만 나는 당신이 그것을 해냈으리라 가정하고 다음 단계로 나아가 '마음의 자유'에 대한 지침을 이야기할 것이다.

30 이제 몸의 긴장을 완전히 풀고 증오, 분노, 걱정, 미움, 시기, 질투, 슬픔 등 모든 종류의 부정적 감정을 놓아줘라.

31 당신은 이러한 깃들을 '놓을 수 없다'고 말할지도 모른다. 하지만 할 수 있다. 마음에서부터 놓아주기로 결정하라. 의지와 끈기로 그렇게 행하라.

마음의 자유를 행할 수 없는 이유는, 스스로를 지성 대신 감정에 의해 통제되도록 허용했기 때문이다. 지성으로 이끄는 의지가 승리를 거둔다는 것을 기억하라. 처음 시도할 때는 성공하기 어렵겠지만 다른 모든 것과 마찬가지로 연습을 통해 결국 성공할 수 있을 것이다. 마음에서, 정신에서 부정적이고 파괴적인 감정을 제거하는 데 성공해야 한다. 그것들은 당신과 우주의 마음과 이 세상의 부조화를 야기하는 씨앗이기 때문이다.

The Secret of Wealth and Sucess

MASTER KEY SYSTEM

CHAPTER 05

삶을
어떤 재료들로 채울 것인가

01 우리의 정신작용의 90%가량은 잠재의식 차원에서 이루어지므로, 이것을 알지 못하고 사용하지 못하는 사람은 매우 좁은 한계 안에서 사는 셈이다.

02 잠재의식을 활용하는 방법만 안다면 그 어떤 문제도 해결 가능할 것이다. 잠재의식은 항상 작동 스위치가 켜져 있는데 여기서 우리가 논점으로 삼아야 할 것은 이 꺼지지 않는 잠재의식의 수동적인 수혜자가 되어야 하는가, 아니면 의식을 통해 잠재의식에게 지시를 내려야 하는가, 이 두 가지이다. 달리 말해, 우리가 저마다의 목적지로 향하는 길목에서 피해야 할 위험을 미리 감지하고 예방할 것인가, 아니면 위험을 겪어낼 것인가, 이 두 가지가 논점이다.

03 우리는 정신이 신체의 모든 부분에 닿아 있으며, 정신의 객관적이고 지배적인 면을 활용하여 신체를 움직이고 느끼게 할 수 있음을 알고 있다.

04 신체에 어떤 정신이 깃들어 있는지는 대개 유전에 따른다. 유전은 과거의 모든 환경에 생명이 적응하고 변화해온 결과다. 이 사실을 이해한다면 우리 자신에게 바람직하지 않은 특성이 나타날 때 정신을 통해 분별할 수 있다.

05 우리는 물려받은 모든 바람직한 특성을 의식적으로 이용하고, 바람직하지 못한 특성이 나타나지 못하도록 제거할 수 있다.

06 다시 말하자면, 우리 신체에 깃들어 있는 정신은 유전의 결과인 동시에 가정, 사업, 사회 환경이 더해진 결과인 것이다. 수천 가지가 넘는 인상, 생각, 편견 등이 섞여 있다. 우리의 생각 중 대부분은 우리 스스로에게서 비롯한 결과지만 유전적 측면에서는 그 대부분이 깊이 생각하거나 검증의 과정을 거치지 않은 채 받아들여진 것이다.

07 하나의 생각이 그럴듯하게 여겨지면, 의식은 그것을 받아들여

잠재의식으로 전달한다. 동시에 교감신경계에 의해 받아들여
져 우리 신체에 내장된다. 마치 "말씀이 육신이 되었도다"라는
말처럼 말이다.

08 이것이 우리가 끊임없이 자신을 창조하고 재창조하는 방식이
다. 우리는 과거 세대가 해온 생각의 결과인 동시에 지금 우리
가 하는 생각의 결과다. 끌어당김의 법칙은 우리가 좋아하는
것, 우리가 바라는 것, 다른 사람이 가진 것이 아니라 의식적이
든 무의식적이든 과거 세대의 생각이든 지금 우리의 생각이든
우리 스스로 창조한 '우리의 것'을 가져다준다.

09 우리 중 한 사람이 우리 자신을 위한 집을 짓는다면 그 계획에
대해 얼마나 신중하겠는가? 모든 자료와 세부사항을 점검하고
그중에서 가장 좋은 것만 선택하지 않겠는가? 하지만 우리는
정신적 집을 짓는 것에 있어서는 그만큼의 주의를 기울이지 않
는다. 그 어떤 집보다 중요한 집인데도 말이다. 이 정신적 집을
짓는 데 들어가는 건축재료들이 어떤 것이냐에 따라 우리 삶이
라는 세상에 채울 수 있는 모든 것이 달라지기 때문이다.

10 정신적 집의 재료는 어떤 특성을 지니고 있는가? 계속 이야기

해왔듯이 그것은 우리가 과거에 축적하고 우리의 잠재의식에 저장한 인상들이다. 만일 이러한 인상이 걱정, 두려움, 불안과 같은 것이라면 정신적 집은 쉽게 곰팡이가 피고 썩어버리는 재료들로 구성되어 우리에게 더 많은 수고와 근심을 가져다줄 것이다.

<u>11</u> 우리가 이 부정적인 인상들을 던져버리고, 용감하고 긍정적이고 낙관적인 인상들만 남겨두었다면, 우리의 정신적 집은 가장 좋은 종류의 재료들로만 구성될 것이다. 우리는 우리가 원하는 모든 종류의 재료와 우리가 원하는 색상을 사용하여 집을 더 견고하게 만들 수 있다. 튼튼하고 썩지 않는 집에서 미래에 대한 두려움이나 불안 없이 살아갈 수 있다.

<u>12</u> 이는 심리학적으로 검증된 사실이다. 이러한 사고 과정에는 어떤 이론이나 추측도 없다. 비밀도 없다. 사실 너무나도 명백해서 누구나 이해할 수 있다. 해야 할 일은 정신적 집을 자주 청소하여 깨끗하게 유지하는 것이다. 맑은 정신과 도덕적인 자세, 정갈한 신체는 어떤 분야에서든 발전을 이루기 위한 필수조건이다.

13 이 청소가 끝나면 정신적 집에 남아 있는 재료들은 우리가 실현하고자 하는 이상과 이미지를 만드는 데 적합할 것이다.

14 주인을 기다리고 있는 훌륭한 집이 있다. 집 앞에는 풍부한 농작물, 세차게 흐르는 맑은 물, 고급 목재가 있는 푸른 들판이 넓게 펼쳐져 있다. 집 안에는 희귀한 그림, 방대한 도서관, 고급스러운 장식물 등 부족한 것이 하나 없이 풍족하게 채워져 있다. 주인이 해야 할 일은 바로 이 집을 제대로 사용하는 것이다. 이 집에 대한 소유권을 취득하고 재산으로 삼아야 한다. 그것이 썩도록 내버려둔다면 그 가치를 모두 잃는 것이다.

15 마음과 정신의 영역에서, 실제적인 힘의 영역에서 당신은 소유권을 주장할 수 있고, 이 풍부한 재산을 마음껏 사용할 수 있다. 상황을 다스리는 힘은 그 열매 중 하나이고, 건강과 조화, 번영은 재산목록에 들어 있는 것이다. 당신은 그 모든 자원을 연구하고 수확하는 일만 하면 된다. 당신의 한계, 당신의 노예근성, 당신의 약점만을 대가로 요구할 뿐 다른 어떤 희생도 요구하지 않는다. 그로써 당신에게 자기 존중의 옷을 입혀주고 손에는 제왕의 지팡이를 쥐어준다.

16 이 집을 얻기 위해서는 세 가지 과정이 필요하다. 당신은 가장 먼저 소유를 주장해야 한다.

17 당신은 그것이 부담스러운 조건이 아니라는 사실을 인정해야 한다.

18 우리가 같이 이야기해왔듯이 당신은 이미 유전에 대해 잘 알고 있다. 찰스 다윈, 토머스 헉슬리, 에른스트 헤켈 등과 같은 과학자들은 유전이 점진적 창조라는 증거를 산더미처럼 쌓아왔다. 직립보행, 운동력, 소화기관, 혈액순환, 신경과 근육의 형성, 뼈의 구조와 같은 신체적 측면에 다른 많은 기능을 부여하는 것이 점진적 창조로서의 유전이다. 하지만 마음의 힘과 관련한 유전에 대해서 더 놀라운 사실이 있다. 이 모든 것이 유전의 일부다.

19 그러나 과학자들이 이해하지 못하는 유전의 측면이 있다. 사실 그것은 모든 연구의 시작점에서 발견할 수 있다. 과학자들이 절망하여 두 손을 들고 설명이 불가능하다고 말하는 바로 그 지점에 유전의 신성한 측면이 있는 것이다.

20 그것은 태초에 창조를 선포한 자애로운 힘에 관한 것이다. 그것은 신성으로부터 전율하며, 만물 속에 스며들어 있는 생명의 기원이다. 생명을 만들어내는 일은 과학자들은 하지 못했고 할 수도 없는 일이다. 그것은 모든 힘을 합친다 해도 능가할 수도, 접근할 수도 없는 지고의 힘이다. 인류가 어떤 방식으로든 유전을 거듭한다 해도 닿을 수 없다.

21 이 무한한 생명 에너지는 바로 당신을 통해서 흐른다. 당신이 의식을 구성하는 능력들이 이 무한한 생명 에너지의 문을 여는 열쇠와 같다. 이 사실을 깨닫고 이 문을 계속 열어두는 것이 또한 모든 능력을 얻을 수 있는 방법이다. 노력할 가치가 있지 않은가?

22 중요한 사실은 모든 생명과 모든 힘이 내면에서 비롯한다는 것이다. 사람, 상황, 사건이 무엇이 필요하고 어떤 기회가 있는지 암시해주지만 이 필요와 기회에 대응할 통찰력과 힘은 내면에서 찾을 수 있다.

23 거짓을 피하라. 의식의 바탕을 무한한 근원으로부터 뻗어나오는 힘에 두어라. 이 무한한 근원이 곧 보편적 정신이다. 우리는 그에 따라 형상이 창조된 존재라는 것을 잊지 말라.

24 이 유산을 소유하게 된 사람은 다시 예전처럼 살지 않는다. 이 제까지 꿈도 꿔보지 못했던 능력과 감각을 소유하게 되어 다시 는 소심하거나, 나약하거나, 흔들리거나, 두려워하지 않는다. 그들이 스스로 전능자와 불가분의 관계라는 것을 깨달은 순간, 그들 내면의 무언가가 일깨워졌다. 그들은 지금까지 전혀 의식 하지 못했던, 그러나 분명히 내면에 잠재돼 있었던 능력을 깨우 쳤다.

25 이 능력은 내면에서 비롯하는 것이지만 우리가 유산을 소유하 지 않는다면 일깨울 수 없다. 우리는 전능자의 능력이 다양하게 형상화되는 통로인데, 그에 대해 인지하지 못하면 통로가 막히 게 되고 능력을 얻을 수 없다. 모든 존재와 모든 노력, 모든 삶 의 방식에서 마찬가지인 사실이다. 운동선수가 더 강해지고자 한다면 자신이 가진 능력을 활용해야 하며, 금융가가 더 많은 부를 얻으려면 자신이 가진 돈을 활용해야 한다. 자신이 가진 능력을 더 많이 활용할수록 더 얻게된다.

26 장사꾼이 자기 물건을 계속 팔지 못한다면 더 큰 수완을 얻을 수 없다. 회사가 효율적인 서비스를 제공하지 못한다면 더 많은 고객을 얻을 수 없다. 변호사가 승소하지 못한다면 더 많은 의

뢰인을 얻을 수 없다. 다른 분야에서도 마찬가지다. 더 많은 능력을 얻는 방법은 이미 주어진 능력을 잘 활용하는 것이다. 이러한 삶의 진리는 내면에 자리한 영적인 힘에도 적용된다.

27 영적인 힘의 주체인 영혼이 없다면 남는 것은 없다. 영혼이 전부라면 이 사실을 깨달아야만 육체적, 정신적, 영적 능력을 모두 발휘할 수 있다.

28 모든 소유는 돈에 대한 의식과 축적하고자 하는 마음가짐의 결과다. 이는 당신에게 더 많은 소유를 위한 영감을 주는 마술 지팡이와도 같다. 당신이 실행할 계획들을 주고 그를 성취하도록 이끌어 당신에게 소유의 즐거움을 안겨준다.

29 이제 방으로 가서 이전과 같은 자리에, 같은 자세로 앉아라. 그리고 즐거운 기억이 있는 장소를 머릿속으로 떠올려보고 세세하게 그려보라. 땅, 건물, 나무, 친구, 모임 등 모든 것에 대해 구성해보라. 처음에는 당신이 집중적으로 기억하는 몇 가지 외에는 떠오르지 않고 잡념만 가득할 것이다. 그렇다고 낙담하지 말고 끈기를 발휘하라. 결국 끈기가 이길 것이다. 이러한 끈기는 매일 이 과정을 반복하는 데서 나온다는 것을 명심하라.

The Secret of Wealth and Sucess

MASTER KEY SYSTEM

CHAPTER 06

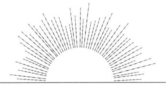

생각으로
어떤 결과를 얻을 수 있는가

01 보편적 정신은 그 공리주의적인 특성과 가능성 그리고 무한한 창조력을 가늠하기 어려울 정도로 훌륭하다.

02 우리는 보편적 정신이 지성적 존재이자 실체적 존재라는 사실을 알고 있다. 그렇다면, 어떻게 이 정신을 다양한 형태로 실현할 수 있을까? 우리가 바라는 결과를 확실히 얻기 위해서 어떻게 해야 하는가?

03 전기 기술자에게 전기의 기능이 무엇인지 묻는다면 그는 이렇게 대답할 것이다. "전기는 운동의 한 형태이며 그 기능은 전기를 활용하는 메거니즘에 따라 달라진다." 이 메커니즘은 우리가 빛, 열, 힘, 음악 등 에너지를 어떤 형태로 구현할 것인지에 따라 달라진다.

04 생각으로 어떤 결과를 얻을 수 있는가? 이 질문에 답하자면, 바람이 유동하는 공기인 것처럼 생각은 유동하는 마음이며 그 기능은 전적으로 '그것이 연결된 메커니즘'에 달려 있다는 것이다.

05 정신력의 비밀도 여기에 있다. 우리가 활용하는 메커니즘에 따라 달라지는 것이다.

06 그렇다면 메커니즘이란 무엇인가? 당신은 토머스 에디슨, 그레이엄 벨, 굴리엘모 마르코니와 같은 전기의 아버지들이 만들어 낸 메커니즘에 대해서는 이미 알고 있을 것이다. 이들의 놀라운 발명으로 인해 장소, 공간, 시간의 개념은 비유적인 것이 되었지만 이 우주에 여전히 편재하는 잠재력을 발견하고 변화시킬 수 있는 메커니즘이 바로 당신에게 주어지도록 에디슨보다 훨씬 위대한 존재가 발명했다는 사실을 생각해본 적 있는가?

07 우리는 땅을 경작하는 데 사용하는 도구나 운전하는 자동차의 메커니즘을 알아보고 이해하고자 한다. 하지만 이제껏 존재하는 것 중 가장 오래되고 위대한 메커니즘, 즉 사람의 두뇌에 대해서는 절대적으로 무지한 상태다.

08 이 놀라운 메커니즘을 알아가는 과정을 통해 두뇌 메커니즘이
   원인이 되는 다양한 결과에 대해 더 잘 이해하게 될 것이다.

09 우선, 우리가 존재하고, 살아가고, 움직이는 거대한 정신세계가
   있다. 이 세계는 전지전능하고 유일하다. 그것은 우리의 목적
   과 소망에 정비례하여 응답한다. 목표를 현실화할 수 있는 능력
   을 발휘하기 위해서는 창조적이고 건설적이며 굳건한 믿음을
   바탕으로 하는 정신이 필요하다. '네 믿음으로 이루리라'는 성경
   의 말대로인 것이다.

10 우리가 외부의 세계로 내놓은 결과는 개인이 보편적 존재와 작
   용, 반작용을 이룬 결과다. 우리는 이 과정을 '생각'이라고 부른
   다. 뇌는 이 과정이 일어나는 장소다. 얼마나 놀라운 일인가? 혹
   시 당신이 꽃과 예술, 문학, 음악을 좋아한다거나 고대의 사상
   을 연구하고 영감을 얻는 사람이라면, 이미 당신의 머릿속에 이
   모든 종류의 아름다움을 발견할 수 있는 개념들이 있기에 가능
   하다는 것을 기억하라.

11 자연이라는 보관창고에 뇌가 표현할 수 없는 가치나 원칙은 없
   다. 뇌는 배아의 상태에서 필요한 순간에 발달할 준비를 하고

있다. 이것이 과학적 진리이자 자연의 이치라는 것을 이해할 수 있다면, 우리 삶에 놀라운 성취를 가져오는 메커니즘 또한 이해하기 쉬울 것이다.

12 신경계는 세포를 통해 힘을 전달하기 때문에 줄곧 전지 배터리와 전선이 있는 전기회로에 비유되곤 했다. 마치 회로를 통해 전기가 전해지듯 메커니즘을 통해 모든 충동과 욕망이 전달되는 것이다.

13 척수는 정보가 뇌에서 신체로 전달되는 통로다. 그다음으로 정맥과 동맥을 통해 혈액을 공급하여 우리에게 새로운 에너지를 전달해주는 완벽하게 잘 짜여진 메커니즘을 이루고 있다. 마지막으로 이 메커니즘 전체를 감싸고 있는 섬세한 피부는 아름다운 망토와 같다.

14 이는 '살아계신 하나님의 성전'이며, 개인인 '나'에 대한 통제권을 부여하는데, 그 통제 범위는 메커니즘에 대한 이해 정도에 따라 달라진다.

15 생각이 뇌세포를 움직이도록 작동시킨다. 처음에는 생각이 닿

고자 하는 그 물질이 반응하지 않을지라도 생각을 거듭하는 과정에서 정제되면 물질은 마침내 굴복하고 생각에 따라 표현되기 시작한다.

16 이런 방식으로 정신은 신체의 모든 부분에 영향을 미치고 어떤 바람직하지 않은 결과라도 제거할 수 있다.

17 정신세계를 지배하는 법칙을 완전히 이해한다면 비즈니스를 포함한 모든 일에 큰 도움이 된다. 사실을 정확히 파악하고 이해할 수 있는 분별력을 길러주기 때문이다.

18 외부의 세계보다 내면의 세계에 집중하는 사람은 삶의 방향을 스스로 결정하고 이끌어나가는 강력한 힘을 사용할 수 있다. 그리고 그것에 도움이 되는 모든 것을 끌어당긴다.

19 주의력과 집중력은 마음을 일구는 데 가장 중요한 요소일 것이다. 적절한 시기에 적절한 일을 행하는 것, 그 가능성은 너무나 놀라워서 초심자는 감히 상상하기 어렵다. 성공한 사람들은 모두 놀라운 주의력과 집중력을 가지고 있으며, 그것은 사람이 얻을 수 있는 가장 큰 성취이기도 하다.

20 집중력은 돋보기에 햇빛을 집중시켰을 때를 떠올려보면 이해하기 쉽다. 돋보기를 이리저리 움직이면 햇빛이 한 지점에 집중되지 않아 특별한 힘이 없다. 하지만 돋보기를 움직이지 않도록 고정하고 햇빛을 한 지점에 집중시키면 그 효과는 놀랍다.

21 생각하는 힘도 마찬가지다. 생각을 이리저리 흩트리면 생각이 하나로 모이지 않아 힘을 발휘할 수 없다. 어떤 결과도 눈에 띄지 않는다. 하지만 하나로 모인 생각의 힘을 오랜 시간 한 가지 목표에 집중시키면 어떤 일도 이루어낼 수 있다.

22 어떤 사람들은 이것이 너무 간단한 해결책 아니냐고 말한다. 그렇다면 나는 묻고 싶다. 하나의 목적이나 대상에 생각을 집중시켜본 적 있는가? 이제부터 하나의 물체를 선택하고 10분 동안 집중해보라. 아마도 하기 어려울 것이다. 수십 번도 더 마음이 길을 잃어 그것을 원래의 목적으로 되돌리려고 노력하는 데 신경을 쓰게 될 것이다. 그렇게 10분이 지나도 아무것도 얻지 못할 것이다.

23 주의력을 집중시키는 방법을 터득한다면, 당신이 삶을 걸어나갈 때 맞닥뜨리는 어떤 장애물이라도 마침내 극복할 수 있게 된

다. 이를 위해서는 연습이 필요하다. 훈련이 완벽을 만든다. 이 뿐 아니라 다른 모든 일에서도 마찬가지다.

24 주의력을 기르기 위해서는, 같은 방 같은 자리에서 사진 한 장을 바라보아라. 적어도 10분 동안 얼굴의 생김새, 복장, 헤어스타일 등을 면밀히 살펴보라. 현미경으로 들여다보듯 세밀하게 관찰한 다음, 사진을 덮고 눈을 감아라. 그리고 머릿속으로 사진 속의 모습을 그려보아라. 모든 것, 아주 작은 특징까지도 잘 떠올릴 수 있다면 축하할 일이다. 그렇지 않다면 그것이 가능할 때까지 이 과정을 반복하라.

25 이번 단계는 단지 땅을 다지는 것에 불과하다. 다음 장에서는 씨를 뿌릴 준비를 하게 될 것이다.

26 이런 연습을 통해서 감정과 태도, 의식을 제어할 수 있게 될 것이다.

27 위대한 창시자들은 점점 더 군중에게서 벗어나고 있다. 그것이 그들이 올바른 정신으로 생각을 이어가고 일을 계획하는 데 더 많은 주의를 기울일 수 있는 길이기 때문이다.

28 성공한 사업가들은 다른 성공한 사업가들과 계속 교류하며 생각을 나누는 것이 유익하다는 사실을 끊임없이 증명하고 있다.

29 어떤 생각은 수백만 달러의 가치를 지닌다. 이런 생각은 그에 합당한 사고방식으로, 그것을 기꺼이 받아들일 준비가 되어 있는 사람에게만 다가온다.

30 사람들은 우주의 마음과 조화를 이루는 법을 배운다. 만물의 연합을 배운다. 또, 생각의 기본과 원리를 배운다. 이 모든 것이 조건과 상황을 바꾸고 결과를 배로 증가시킨다.

31 사람들은 정신과 영혼이 어디를 향해 있는가에 따라 조건과 상황이 달라진다는 것을 안다. 그들은 지식이 성장을, 영감이 행동을, 인식이 기회를 만든다는 것을 안다. 언제나 영적인 변화가 먼저 일어난 뒤에 무한한 성공의 가능성을 실현할 수 있다.

32 우리 한 사람 한 사람은 우주의 보편성이 다양화되는 통로이기 때문에 그 가능성도 무궁무진하다.

33 생각은 우리가 영적인 힘을 흡수하고 그것이 우리 의식의 일부

가 될 때까지 잠재의식에 붙들어두는 과정이다. 이 책에서 설명한 바와 같이 몇 가지 기본 원칙을 지속적으로 실천함으로써 성취를 얻는 방법은 보편적 진리의 창고를 여는 마스터키다.

34 현재 인류가 겪는 고통의 가장 큰 원인 두 가지는 신체적 질병과 정신적 불안이다. 이것들의 원인은 자연법칙을 위반했다는 데 있을 수 있다. 의심할 여지 없이 지금까지는 지식이 부분적인 영역에만 머물러 있었다. 이제 진리의 창고를 여는 마스터키를 손에 쥐었으니, 하늘을 뒤덮고 있던 먹구름이 사라지듯 오랜 세월 동안 축적된 불완전한 정보로 인한 불행도 함께 사라질 것이다.

The Secret of Wealth and Sucess
MASTER KEY SYSTEM

CHAPTER 07

보이지 않는 전능한 힘을
활용하는 법

01 심상을 만들어내는 과정을 시각화라고 한다. 이 심상은 당신의 미래에 대한 하나의 모형이나 틀과 같은 역할을 한다.

02 이 모형과 틀을 명확하고 아름답게 만들어라. 당신에게 한계를 부여하는 것은 당신 자신뿐이다. 두려워하지 말고 가장 웅장하게 만들어라. 비용이나 재료에 대한 한계는 없다. 상상 속에서 당신에게 필요한 비용과 재료는 모두 무한의 존재에게서 공급받는 것이니 한계는 없다. 그렇게 심상을 만들어낸 후에야 실제로 나타낼 수 있다.

03 심상을 뚜렷하게 분명하게 그려서, 마음속에 단단히 붙들어두어라. 그러면 점점 당신에게 가까워져 올 것이다. 당신은 '자신이 되고자 하는' 존재가 될 수 있다.

04 이것은 이미 많은 이가 알고 있는 심리학적 지식이지만 안타깝게도 이에 대해 알기만 한다고 해서 당신이 꿈꾸는 결과에 닿기는 어렵다. 심상을 그려내는 것에도 도움이 되지 않을뿐더러 실현하는 것에는 말할 것도 없다. 사실 강도 높은 정신적 노력을 필요로 하는데, 이를 감수하려는 사람은 거의 없다.

05 이 노력의 첫 번째 단계는 이상화다. 이는 건축물의 도면을 그리는 것처럼 아주 중요한 과정이다. 견고하고 변함없어야 한다. 건축가는 웅장한 건물을 구상할 때 모든 세부사항을 미리 도면에 그려놓는다. 기술자는 다리를 놓으려 할 때 미리 수백만 개의 부품을 점검한다.

06 그들이 일을 실행하기 전에 먼저 결과를 내다보듯이, 당신도 일을 실행하기 전에 마음속에 결과를 그려봐야 한다. 만약 당신이 땅에 씨를 뿌린다고 한다면, 그러기 전에 수확할 열매가 무엇인지 그려보는 것, 이것이 바로 이상화다. 명확하게 그려낼 수 없다면 명확해질 때까지 매일 같은 자리에 앉아 그 과정을 연습하라. 점점 더 윤곽이 잡히고, 구체화되고, 세부사항이 채워질 것이며, 당신이 무엇을 해야 할지 분명해질 것이다. 그에 따른 계획을 외부의 세계에서 실현할 능력이 생겨날 것이다. 당신이 그

리는 미래가 지금의 당신에게 어떤 영향을 미치는지 알게 될 것이다.

07 그다음은 시각화 과정이다. 당신이 그리는 그림에 세부사항을 점점 더 채워서 그것을 실현할 방법과 수단을 발전시켜라. 하나가 다른 하나를 떠오르게 할 것이다. 생각은 행동으로 이어지고, 행동이 또 다른 방법을 연상시키고, 하나둘 친구들이 모여드는 것처럼 생각과 방법과 행동과 상황이 연결되어 마침내 세 번째 단계인 물질화로 이어질 것이다.

08 우리는 우주가 만물로 발현되기 전에 그 형상이 생각되어야 한다는 것을 알고 있다. 이러한 우주의 위대한 건축가의 노선을 우리가 기꺼이 따른다면, 우주가 만물로 발현한 것과 똑같이 우리의 생각이 실체로 발현될 것이다. 우주의 보편적 정신이 개인을 통해 표현될 때는 종류나 품질에는 차이가 없다. 유일한 차이점은 정도에 있을 뿐이다.

09 건축가는 건축물을 시각화할 때 자기가 원하는 형상을 미리 그린다. 높거나 낮거나 아름답거나 실용적인 건축물이건 간에 그의 생각은 완성품의 틀과 같은 역할을 한다. 그의 생각이 도면

으로 그려지고 필요한 자재들이 동원되어 마침내 건축물이 완성된다.

10 발명가도 똑같은 방식으로 자신의 생각을 시각화한다. 위대한 발명가 니콜라 테슬라는 자신이 지닌 놀라운 지성을 놀라운 현실로 이끌어낸 사람이다. 그는 항상 자신의 발명품을 구현하기 전에 반드시 시각화 과정을 거쳐서 성급하게 만들어낸 결과물의 결함을 수정하는 데 시간을 낭비하지 않았다. 먼저 머릿속에서 생각을 정리한 후 재구성할 밑그림 상태로 유지한다. 그는 자신의 저서 《전기 실험가》에서 이렇게 말했다. "이런 식으로 나는 어떠한 장애물 없이 신속하게 구상도를 그리고 완성할 수 있다. 머릿속에서 가능한 한 모든 개선점을 보완한 뒤에 더 이상 문제가 발견되지 않으면, 그 작품을 실제로 구현해냈다. 내가 만든 작품은 늘 내가 생각한 대로 작동했다. 지난 20년 동안 단 한 번의 예외도 없었다."

11 만일 당신이 이러한 지침을 성실히 따른다면, 당신은 마치 신앙처럼 '바라는 것의 실존, 보이지 않는 것의 증거'를 믿게 될 것이다. 당신 스스로에게서 끈기와 용기, 자신감을 끌어낼 수 있을 것이다. 목적과 무관한 생각들을 제외할 수 있는 고도의 집중력

또한 얻을 수 있을 것이다.

12 생각이 형태로 드러날 때 자신의 생각을 제대로 구상할 줄 아는 사람만이 그 주인이 되고 그 권위를 누린다.

13 선명함과 정확성은 이미지를 반복적으로 그려보아야만 얻을 수 있습니다. 당신이 머릿속으로 이미지를 반복해서 그리면 그릴수록 이전보다 한층 더 명확함을 갖추어 외부로 표현된다. 당신은 그것이 바깥세상에 형성되기 전에 내면의 세계에서 확실하게 구축해야 하며, 적절한 재료들을 찾아야 한다. 그러지 않으면 내면의 세계에서조차 가치 있는 것을 만들어낼 수 없다. 무엇이 필요한지 어떠한 재료들로 만들어야 하는지 반드시 확인하라. 조잡한 천으로 고급스러운 옷을 지을 수는 없다.

14 당신이 그리는 그림에 따라서 당신의 머릿속에 있는 수백만의 조용한 일꾼들이 재료를 모을 것이다.

15 생각해보라! 당신의 머릿속에는 500만이 넘는 일꾼들이 항상 활동 태세를 갖추고 있다. 이 일꾼들이 바로 뇌세포다. 당신이 필요로 한다면 언제든 행동할 준비가 되어 있는 500만의 예비

군도 있다. 따라서 당신에게는 스스로가 원하는 어떤 종류의 환경이든 건축물이든 필요한 재료들을 구하고 만들어내는 무한한 능력이 있는 것이다.

16 이 수백만의 일꾼에 더하여 당신의 몸에는 셀 수 없이 많은 일꾼이 있다. 그들은 모두 당신이 내리는 지시나 제안을 이해하고 행동으로 옮길 수 있는 충분한 지능을 부여받았다. 우리 몸 안의 세포들은 탄생과 소멸을 겪으면서 완벽한 발달에 필요한 물질들을 스스로 끌어들이는 능력을 발휘한다.

17 세포들은 모든 생명체가 성장에 필요한 재료를 끌어당기는 것과 같은 방식으로 일한다. 떡갈나무, 장미, 백합과 같은 꽃들이 자신을 완벽하게 표현하기 위해서 필요한 재료들을 조용히 확보하듯이, 모든 존재는 '끌어당김의 법칙'이라 불리는 방식을 활용한다. 이는 완벽한 성장을 위해 요구되는 것들을 확보할 수 있는 가장 확실한 방법이다.

18 머릿속으로 이미지를 구상하라. 명확하고, 뚜렷하고, 완벽하게 구상하라. 그리고 이것을 굳건히 유지할 때 방법과 수단이 발전할 것이다. 수요에 따라 공급이 일어날 것이다. 당신에게 가장

적기일 때 올바른 일을 하도록 인도될 것이다. 간절한 소망과 확신에 찬 기대와 확고한 요구, 이 세 가지가 감정을 일으키고 생각에 활력을 주고 성장을 이루는 방식으로 순환할 것이다. 그리고 당신이 원하는 성취를 이룰 것이다.

19 우리에게 저마다 이런 엄청난 능력이 있다는 것이, 자신도 모르는 초월적 능력이 있다는 것이 놀랍지 않은가? 우리는 항상 '외부'에서 힘과 능력을 찾도록 가르침을 받아왔다. 우리의 '내면'이 아닌 곳에서 힘과 능력을 발견하려고 애써왔다. 내면에서 비롯한 능력이 삶에 드러날 때마다 초자연적인 현상일 뿐이라고 치부해왔다.

20 하지만 내면의 놀라운 능력을 깨닫고도 그것을 다른 능력과 연결시키지 못하거나 노력의 결과를 얻지 못하는 사람들도 많다. 그들은 끌어당김의 법칙을 제대로 활용하지 못한다. 그것을 외부의 것에만 적용하려고 들기 때문이다. 돈, 권력, 건강, 풍요라는 결과만을 추구할 뿐 그것들 모두 원인을 찾을 때만 올 수 있다는 것을 깨닫지 못한다.

21 외부의 세계에 함몰되지 않은 사람들은 진리와 지혜를 발견할

수 있다. 이들은 스스로 구하는 지혜가 모든 능력의 근원을 밝혀주고, 그에 합당한 생각과 목표를 통해 외부에 드러난다는 것을 안다. 올곧은 목표와 용감한 행동을 통해 표현되는 것이다.

22 외부의 조건에 대해 생각하지 말라. 내면을 아름답고 풍요롭게 만들면 그것이 외부의 조건으로 나타난다. 이상을 창조하는 힘이 당신의 내면에 있다는 것을 깨닫는다면 그 이상들이 외부의 세계에 투영된다.

23 예를 들어, 어떤 이가 빚을 지고 있는 상황이라면 그는 끊임없이 빚에 대해 생각하고 또 생각할 것이다. 생각은 원인이 되기 때문에 결과적으로 그는 빚을 더 끌어당길 뿐만 아니라 실제로도 더 많은 빚을 지게 된다. 끌어당김의 법칙에 따라 손실에 대한 생각이 '더 큰 손실'을 불러오는 것이다.

24 그렇다면 올바른 원칙은 무엇일까? 당신이 원하지 않는 것이 아니라 원하는 것에 생각을 집중하는 것이다. 풍요를 생각하라. 풍요를 끌어당기기 위한 방법과 계획을 이상화하라. 그리고 시각화하라. 그러면 풍요가 나타날 것이다.

25 끌어당김의 법칙은 그것이 부정적이든 긍정적이든 동일한 확신성을 지닌다. 두려움에 대한 생각을 품고 있는 사람들은 빈곤, 결핍 등 모든 종류의 한계를 삶에 끌어당긴다. 반대로 용기와 능력에 대한 생각을 품고 있는 사람들에게 더 큰 용기와 능력의 조건이 주어진다.

26 사람들이 겪는 어려움은 다음과 같다. 불안해하고, 두려워하고, 고통스러워 한다. 무언가를 이루고 싶고, 그러기 위해 무엇이든 하려고 들어서 오히려 불안해하고, 두려워하고, 고통스러워 한다. 방금 씨앗을 심어놓고 15분마다 싹을 틔웠는지 보려고 땅을 헤집는 아이와 같다. 결코 그런 상황에서 씨앗이 잘 자라날 리가 없는 것을 알면서도 우리 중 상당수가 그렇게 한다.

27 씨앗을 심었다면 그대로 두어야 한다. 하지만 정말 손 놓고 가만히 앉아 있으라는 것은 아니다. 씨앗이 자라는 동안 우리는 더 많은 일을, 더 잘 해낼 것이다. 그러한 기회가 계속해서 주어지고 새로운 길을 발견할 것이다. 항상 열린 마음으로 행동할 준비만 하면 된다.

28 사고력은 지식을 얻는 가장 강력한 수단이다. 사고력을 집중시키면 문제를 해결할 수 있다. 사람의 사고력이 지닌 초월성이 그것이다. 하지만 사고력을 키우고 자유자재로 활용하기 위해서는 선행되어야 할 일이 있다.

29 생각은 행운의 바퀴를 굴러가게 하는 불과 증기와 같다. 그리고 그것은 당신의 경험을 좌우한다.

30 이제 스스로에게 몇 가지 질문을 한 다음, 차분하게 그 대답을 기다려보라. 당신은 얼마나 자주 당신 내면의 자아를 감지하는 가? 이 자아가 주장하는 바를 따르는가, 대중적인 의견을 따르는가? 대중의 의견은 변덕스럽고 중심이 없다는 사실을 기억하라. 증기기관, 동력발전기 등 다른 새로운 진보와 발전에 대항한 것도 바로 대중이었다.

31 다음 장으로 넘어가기 전에 시각화를 연습해보라. 머릿속으로 친구를 그려보아라. 마지막으로 어떤 모습이었는지, 어떤 장소에 어떤 가구들이 있었는지, 어떤 대화를 나눴는지 회상해보라. 그의 얼굴을 자세히 들여다보고, 표정이 어떻게 바뀌는지, 미소는 어땠는지, 어떤 관심사를 가지고 있었는지 하나하나 나열해

보라. 무라 없이 이 과정을 진행할 수 있는가? 당신은 할 수 있을 것이다. 그런 다음 그가 관심을 보일 만한 주제의 이야기를 꺼내보라. 그리고 재미와 흥분으로 그의 눈이 반짝이는 것을 발견하라. 이 모든 것을 할 수 있는가? 그렇다면 당신의 상상력은 훌륭한 경지에 오른 것이다.

The Secret of Wealth and Sucess
MASTER KEY SYSTEM

CHAPTER 08

생각으로
원하는 것을 끌어당겨라

01 생각은 우주의 창조적 원리이며, 다른 유사한 생각들과 연결되고 결합하기 때문에 매우 중요한 원리일 수밖에 없다.

02 삶의 목적 중 하나가 성장이므로 존재의 근간을 이루는 모든 법칙은 성장을 위해 기여해야 한다. 따라서 생각이 형상을 갖출 때 성장의 법칙이 나란히 오는 것이다.

03 당신에게는 무엇이든 생각할 자유가 있지만 생각의 결과는 불변의 법칙에 의해 지배된다. 하나의 생각을 고집하면 개인의 성격, 건강, 환경에 반드시 영향을 미친다. 따라서 바람직하지 않은 생각을 버리고 건실적인 생각을 하는 것이 중요하다.

04 우리는 모두 이게 쉬운 일이 아니라는 것을 알고 있다. 정신적

으로 습관을 통제하기 어려운 것은 분명하다. 하지만 불가능한 일은 아니다. 파괴적인 생각을 건설적인 생각으로 대체해주면 된다. 우선 모든 생각을 분석하는 습관을 만들어라. 또, 당신의 생각이 외부의 세계에 표현될 때 다른 사람들에게도 이익이 되는 일이라면 그것을 지키고 소중히 여겨라. 가치 있는 일이다. 그것은 전능자와 조화를 이루는 생각이며, 구현되고 발전하면 100배의 결실을 볼 것이다. 반대의 경우라면 조지 매튜스 애덤스의 말을 명심하라. "도움이 되지 않는 것이라면 문을 닫고, 마음에서, 사무실에서, 세상에서 멀리하는 법을 배워라."

05 당신의 생각이 비판적이거나 파괴적이어서 환경에 불화를 초래했다면, 건설적인 생각에 도움이 되는 정신적 태도를 배양할 필요가 있다.

06 이 과정에서 상상력은 큰 도움이 될 것이다. 상상력을 기르면 이상이 자라나고, 이상으로부터 당신의 미래가 뻗어나간다.

07 상상력은 당신의 미래가 입을 옷, 즉 마음이 짜는 옷감의 재료를 모으는 수단이다.

<u>08</u> 상상력은 우리가 새로운 생각과 경험의 세계를 관통할 수 있도록 해주는 빛이다.

<u>09</u> 상상력은 모든 탐험가와 모든 발명가가 선례에서 새로운 경험으로 가는 길을 열어주는 강력한 도구다. 선례가 '할 수 없다'고 말했던 것도 새로운 경험은 '다 이루었다'고 말한다.

<u>10</u> 상상력은 유연성이 있어서, 느끼는 것들을 새로운 형태와 이상으로 만드는 틀의 역할을 한다.

<u>11</u> 상상력은 건설적인 행동에 앞서는 건설적인 생각이다.

<u>12</u> 건축업자는 건축가로부터 설계도를 받지 못하면 어떤 건물도 지을 수 없다. 그리고 건축가는 상상력을 통해 설계도를 그린다.

<u>13</u> 큰 산업을 일으킨 사람이라 할지라도 수백 개의 자회사와 수천 명의 직원을 거느린 기업을 운영하기 위해서는, 그의 상상 속에서 청사진을 그려야 하는 법이다. 그전까지는 그 모든 자본과 자원을 활용할 수 없다. 물질세계에서 사물은 도공 앞의 진흙과 같다. 실제 사물의 모습은 도공의 머릿속에 있으며 상상력을

거쳐야만 완벽한 모습이 그려진다. 상상력을 기르기 위해서는 상상력을 발휘해야 한다. 훈련은 꼭 신체의 근육을 기르는 데만 필요한 것이 아니다. 정신적 근육을 기르기 위해서도 필요하다. 영양분을 공급받지 않으면 기를 수 없다.

14 상상력을 환상이나 사람들이 흔히 빠지곤 하는 백일몽과 혼동하지 말라. 백일몽은 정신적 재앙으로 이어질 수 있는 정신적 소멸상태나 다름없다.

15 건설적인 생각은 정신적 노력을 의미한다. 어떤 사람들은 이것을 가장 힘든 종류의 노력으로 여긴다. 하지만 만약 그렇다면 인생에서 이룰 수 있는 위대한 업적들을 생각하고, 상상하고, 실현할 수 있는 사람이 한정되어 있고 오직 그들만 이익을 가져갈 것이다.

16 정신이 유일한 창조 원리라는 것, 전지전능하고 유일하다는 것 그리고 생각의 힘을 통해 의식의 차원에서도 이 전능함과 조화를 이룰 수 있다는 사실을 잊지 않고 살아간다면 언제나 올바른 방향으로 나아갈 것이다.

17 다음 단계는 이 권능을 받을 수 있는 위치로 향하는 것이다. 모든 능력은 내면에서 비롯하듯이 유일한 권능 또한 그곳에 존재한다. 이 능력은 계발되고, 표현되고, 성장해야 한다. 이를 위해서 우리는 수용적인 태도로 훈련을 거듭해야 한다.

18 끌어당김의 법칙은 틀림없이 당신의 정신적 태도에 상응하는 삶의 조건, 경험, 능력을 가져다줄 것이다. 당신이 지닌 특징과 습관, 주로 생각하고 있는 것이 중요한 이유다. 좋은 책을 읽은 후에 그것을 감상하고 말 것인지, 당신의 생각에 반영할 것인지가 중요하다.

19 하루 10시간 동안 나약하고 부정적인 생각을 해놓고 10분 동안 긍정적이고 창조적인 생각을 했다고 해서 아름답고 조화로운 삶을 이룰 수는 없다.

20 진정한 능력은 내면에서 비롯한다. 모든 능력은 사람의 내면에 잠재해 있다. 먼저 스스로 그 능력들이 자신의 것이라고 인지하고 의식적으로 그 능력과 하나가 될 때까지 노력하면 얻을 수 있다.

21 누구나 풍요로운 삶을 원한다고 말한다. 그리고 그것을 위해 근육을 단련하고, 과학적 호흡법을 배우고, 특정한 음식을 특정한 방식으로 먹고, 매일 특정한 온도의 물을 많이 마시려고 노력하고, 외풍을 피하려고 한다. 하지만 이 방법으로는 풍요로운 삶에 닿을 수 없다. 사람이 진리에 눈을 뜨고 모든 생명과 하나라는 것을 확신할 때 자신이 모든 능력의 근원을 발견했다는 사실에 힘입어 눈이 맑아지고 당찬 발걸음으로 활력 있게 나아갈 수 있다.

22 모든 실수는 무지에서 비롯한다. 지식이 힘이라는 것을 아는 자만이 성장과 발전을 이룬다. 지식을 활용할 때 능력이 생긴다. 이 능력은 영적이고, 만물의 중심에 존재한다. 즉, 우주의 영혼이다.

23 이 지식은 사고력의 결과다. 생각은 사람의 의식 진화에 있어서 기원의 역할을 한다. 사람이 자신의 생각과 이상을 더 진전시키지 않고 정체를 맞이한다면, 그가 지니고 있던 모든 능력이 힘을 잃고, 그의 얼굴에 차츰차츰 이 변화가 드러날 것이다.

24 성공한 사람들은 그들이 실현하고자 하는 조건들을 항상 이상

적인 목표로 삼는다. 그들은 이상을 실제로 구현해내는 데 필요한 다음 단계가 무엇인지 끊임없이 연구한다. 생각은 재료요, 상상력은 그들의 정신적 작업장과 같다. 마음은 성공적인 구조를 구축하는 데 필요한 사람과 환경을 확보하기 위해 항상 움직이며, 상상력은 모든 위대한 것이 만들어지는 매트릭스다.

25 당신이 이상을 그리는 데 충실했다면, 계획을 실행할 환경이 갖춰졌을 때 저절로 깨닫게 될 것이다. 그리고 그 결과는 당신이 얼마나 충실했는가에 정확히 비례할 것이다. 꾸준히 이상을 그리고 세부사항을 추가하는 과정을 거쳤다면 그 성취에 필요한 조건들을 당신이 결정하고 끌어당긴 것이다.

26 당신은 영과 능력의 의복을 짜내어 그것을 당신이라는 존재의 그물망 속에 넣을 수 있다. 풍요롭고 즐거운 삶을 누리며 모든 해악으로부터 영원히 보호받을 수 있다. 그리하여 당신은 부유함과 조화로움의 조건들을 끌어당길 수 있는 긍정적인 상태가 될 것이다.

27 앞서 우리는 심상을 그리는 연습을 통해 보이지 않는 것을 보이는 것으로 가져왔다. 이제 나는 당신이 어떤 사물을 두고 거꾸

로 그 기원으로 돌아가 그것이 실제로 무엇으로 구성돼 있는지 보기를 바란다. 이렇게 하면 상상력, 통찰력, 지각력, 현명함을 계발할 수 있다. 피상적인 관찰에 그치지 않고 표면 아래를 보는 예리한 분석적 관찰을 행할 수 있다.

28 대중이 보는 것은 단지 결과일 뿐이다. 이러한 결과가 왜 존재하는지 그 원인을 이해하는 사람은 소수다.

29 이제까지와 같은 자세로 앉아서 배 한 척 떠올려보라. 마치 수면에 떠 있는 암울한 괴물과 같은 커다란 전함을 떠올려보라. 어디에도 살아 숨 쉬는 것은 없는 듯한 고요함이 감돈다. 당신은 배가 20층짜리 고층 빌딩 혹은 내셔널 갤러리처럼 크고 무겁다는 것을 안다. 그 대부분이 물속에 잠겨 있다는 것도 안다. 그리고 당장 지시에 따를 수백 명의 사람이 있다는 것을 안다. 당신은 이 전함 안의 모든 부서에 메커니즘에 따라 행동할 능력이 있는 숙련된 장교들이 있다는 것을 안다.

당신은 이 선박이 주위의 모든 것을 감지할 수 있고, 그 삼엄한 경계 때문에 그 시야를 벗어날 수 있는 것은 아무것도 없다는 사실을 알고 있다. 조용하고, 순종적이며, 무해한 듯 보이지만 수 마일 떨어진 적에게 파괴력 있는 미사일을 쏠 수 있다는 것을 알고 있다. 이러한 전함의 모습을 그리는 것이 그렇게 어렵지 않았을 것이다. 이번에는 거꾸로 생각해보라. 이 전함은 어떻게 그 위치에 있게 되었는가? 애초에 어떻게 생겨났는가? 당신이 주의 깊은 관찰자라면 이런 것들을 질문해야 한다.

30 거대한 강판을 따라 주조 공장으로 가보자. 생산라인에서 일하는 수천 명의 사람을 보아라. 뒤쪽으로 가서 광산에서 나오는 광석들을 보고, 그것들이 바지선이나 트럭에 실리는 모습과 목적지로 옮겨져 불에 달궈지고 새로운 모습으로 변모하는 것을 보아라. 더 멀리 나아가서 선박을 설계한 엔지니어를 보아라. 그가 어떤 목적으로 이 선박을 만들고자 했는지 그의 과거로 거슬러 가보아라.

선박이 아직 생각의 형태로도 존재하지 않았을 과거까지 닿았다면, 대체 이 선박에 대한 생각과 계획은 어디서 왔을까? 아마도 국방장관이나 해군 사령관의 머릿속에서 왔을 것이다. 하지만 이 선박은 전쟁이 논의되기 훨씬 전부터 계획된 것이고, 예산 편성을 위해 의회에서 논의를 거쳤을 수도 있다. 이에 대해 반대하는 의원도, 찬성하는 의원도 있었을 것이다.

이들은 누구를 대표하고 있는가? 바로 당신과 나다. 이 선박이라는 결과를 거슬러 올라가 보면 결국 우리 자신과 연관된 생각이 자리한다. 마지막 결론처럼 우리의 생각은 우리가 생각하는 것보다 훨씬 더 많은 것의 원인이 된다. 선박에 대해 좀 더 깊이 생각해보면, 이 거대한 강철 덩어리가 바닥으로 가라앉지 않고 물에 떠오를 수 있는 그 법칙을 발견한 사람이 없었더라면 존재하지 않았을 사물이라는 것이다.

<u>31</u> '물질의 비중은, 같은 부피를 가진 물의 질량과 비교했을 때를 가리킨다'는 이 법칙의 발견은 모든 종류의 해상 여행, 상업 분야에 혁명적인 반향을 일으켰고 항공모함, 전함의 존재를 가능하게 만들었다.

<u>32</u> 이 훈련이 매우 가치 있다는 것을 알겠는가? 이 훈련을 통해서 생각이 항상 보이는 것 이면에 닿을 수 있다면 모든 것이 달리 보일 것이다. 중요하지 않던 것이 중요해지고, 흥미롭지 않은 것이 흥미로워진다. 우리가 중요하지 않다고 생각했던 것들이 현존하는 유일한 중요한 것들로 보일 것이다.

The Secret of Wealth and Sucess
MASTER KEY SYSTEM

CHAPTER 09

확언을
무기로 사용하라

01 외부의 세계에 기대할 수 있는 것은 세 가지뿐이며, 각각 내면의 세계에서 찾을 수 있다. 전능한 존재와 연결될 수 있는 적절한 메커니즘을 활용하는 것이 세 가지를 모두 얻는 방법이다.

02 모든 인류가 갈망하고, 최고의 성장과 발전에 필요한 세 가지는 건강, 부, 사랑이다. 모든 사람이 건강이 절대적으로 중요하다는 사실을 알고 있다. 육체가 고통 속에 있는데 행복할 수 있는 사람은 없다. 또, 모든 사람이 살아가는 데 최소한의 재물은 필요하다는 것을 안다. 다만 같은 양의 재물이라도 누군가에게는 적게 여겨지고 누군가에게는 충분하게 여겨지는 상대성이 있다. 하지만 자연은 충분한 것 이상으로 풍부하고, 아낌없이 우리에게 제공되기 때문에 우리가 느끼는 부족이나 제한은 사회적으로 정해놓은 인위적인 분배 방법에 따른 한계일 뿐이다.

__03__ 이 세 가지에 사랑이 속한다는 것에 반기를 들 사람은 없을 것이다. 어떤 이는 행복의 첫 번째 필수 요소라고 할 수도 있다. 건강, 부, 사랑을 모두 가진 사람은 자신이 지닌 행복의 잔에 더 채울 것이 없다.

__04__ 우주의 본질은 '완전한 건강', '완전한 부', '완전한 사랑'임을 발견했다. 그리고 이 무한한 공급원에 의식적으로 연결되는 메커니즘이 우리의 사고방식 속에 들어 있다는 점도 알게 되었다. 그러므로 우리는 올바른 생각이야말로 전능자의 비밀 궁전에 들어가는 길이다.

__05__ 우리는 어떤 생각을 해야 할까? 이에 대한 해답을 알게 된다면 우리는 '우리가 원하는 모든 것'과 연결시킬 적절한 메커니즘을 발견한 것이리라. 내가 당신에게 이 메커니즘에 대한 이야기를 해준다면 당신은 너무 간단하다고 놀랄 수도 있다. 그러나 반대로 이 메커니즘이 사실상 '마스터키' 즉, '알라딘의 램프'임을 깨달을 수도 있다. 행복의 기반이자 필수조건이며 절대적 법칙이라고 여기게 될 것이다.

06 올바르고 정확하게 생각하려면 '진리'를 알아야 한다. 진리는 모든 사업 관계와 사회적 관계에 있어서 기본 원칙이다. 모든 올바른 행동에 선행되는 조건이다. 진리를 알고 확신을 갖게 되면 이전과는 비교할 수 없을 만큼의 만족감을 느낄 수 있다. 그것은 의심, 갈등, 위험이 가득한 세상에서 유일하게 흔들리지 않는 기반이 된다.

07 진리를 아는 것은 무한하고 전지전능한 존재와 연결되고 조화를 이루는 것이다. 이제껏 저항할 수 없었던 모든 종류의 불화, 부조화, 의심, 오류를 쓸어버릴 수 있는 막강한 힘과 자신을 연결하는 것이다.

08 작은 지성일지라도 그것이 진리에 기초를 두고 있다는 사실을 깨닫는다면 그 결과의 긍정성을 쉽게 예언할 수 있다. 커다란 지성일지라도, 심오하고 통찰력 있는 지성일지라도 그것이 진리가 아닌 거짓된 희망에 기초를 두고 있다는 사실을 깨닫는다면 마음은 길을 잃어버린다.

09 그 이유가 무지이든 의도이든 진리에 부합하지 않는 모든 행동은 불화를 일으키고, 진리에서 멀어진 만큼 손실을 낳는다.

10 진리를 알아야만 전능자와 연결되는 메커니즘을 깨우칠 수 있다면, 어떻게 그 진리를 알 수 있는가?

11 진리가 보편적 정신의 중요한 원리로서 어디에나 존재한다는 것을 인지하라. 절대 실수하는 일이 없을 것이다. 건강이 필요할 때 당신 내면의 '나'가 영적인 존재이고, 모든 영혼이 하나로 이루어져 있으며, 부분이 전체임을 깨닫는다면 건강을 얻을 수 있다. 몸속의 모든 세포가 당신이 아는 대로 진리를 드러낼 것이기 때문이다. 당신이 질병을 본다면 질병을 드러낼 것이고, 건강을 본다면 건강을 드러낼 것이다. "나는 온전하고, 강력하고, 사랑스럽고, 조화롭고, 행복하다"라는 확언은 말 그대로의 조건을 가져올 것이다. 이 확언이 진리와 정확하게 일치하기 때문이며, 진리가 나타날 때 모든 형태의 오류나 불화는 사라지기 때문이다.

12 '나'가 영적인 존재임을 확신하라. '나'는 완벽하지 않을 리 없다. 따라서 "나는 온전하고, 강력하고, 사랑스럽고, 조화롭고, 행복하다"라는 확언은 정확한 과학적 선언이다.

13 생각은 영적인 활동이다. 영혼은 창조적이다. 이 두 가지를 항상 기억하고 있다면 생각과 조화를 이룰 수 있다.

<u>14</u> 당신이 부를 원한다면 당신 안의 '나'가 전능한 우주의 보편적 정신과 하나라는 사실을 잊지 말라. 그것이 끌어당김의 법칙에 따라 성공의 모든 조건을 당신에게로 이끌어줄 것이다. 당신의 확언과 목적에 정비례하는 풍요와 권력과 부를 가져올 것이다.

<u>15</u> 시각화는 필요한 것이 오도록 하는 메커니즘이다. 시각화는 '보는 것'과는 매우 다른 과정이다. 보는 것은 물리적이며 객관적인 세계 즉, 외부의 세계와 관련이 있지만 시각화는 상상력의 산물이며 주관적인 세계 즉, '내면의 세계'와 관련이 있다. 그러므로 그것은 생명력을 가지고 발전할 수 있다. 시각화의 과정을 거쳐 형태와 모습을 갖출 것이다. 이 메커니즘은 완벽하다. '모든 것에 능한' 건축가에 의해 구축되었는데, 그것을 운영하는 당신에게 아직 경험이 없을 뿐이다. 결심과 연습으로 이를 극복하면 된다.

<u>16</u> 사랑을 얻는 유일한 방법은 사랑을 주는 것임을 깨달아야 한다. 내면에 사랑을 가득 채워서 남에게 건네줄수록 더 받을 수 있다. 스스로가 사랑의 자석이 되는 것이다.

<u>17</u> 가장 위대한 영적 진리들을 일생의 크고 작은 일들에 활용할 수

있는 사람은 절대 해결하지 못할 문제가 없다. 사람은 위대한 생각, 위대한 사건, 위대한 자연물, 위대한 사람에게 점점 더 근접하면서 활력을 얻고 성숙해진다. 에이브러햄 링컨과 가까웠던 사람들은 모두 큰 산을 오르는 느낌을 받았다고 한다. 이런 느낌은 영원한 진리의 힘을 깨달은 사람들만이 자아낸다.

18 자신이 깨달은 진리를 삶을 통해 증명해 보인 사람들의 경험담을 들으면 영감을 받기도 한다. 프레데릭 앤드루스의 편지는 다음과 같은 통찰력을 제공한다.

19 내가 13세 때 지금은 돌아가신 T. W. 마시 박사가 나의 어머니에게 이렇게 말했다. "부인, 아드님은 전혀 가망이 없습니다. 제가 아드님에게 모든 방법을 시도했지만 안타깝게도 그렇습니다. 저는 이 분야의 전문가이고, 제 아들을 이런 방식으로 잃었기 때문에 잘 압니다."

20 어머니는 그에게 말했다. "선생님, 만일 선생님의 아이라면 어떻게 하시겠어요?" 그러자 마시 박사가 대답했다. "싸우고 또 싸울 겁니다. 호흡이 붙어 있는 한 말이죠."

21 그렇게 길고 지루한 싸움의 시작이 됐다. 많은 우여곡절을 겪는 동안 의사들은 최선을 다해 우리를 격려하고 응원하면서도, 가망이 없다는 의견을 바꾸지 않았다.

22 하지만 나는 그 싸움에서 결국 승리했다. 손과 무릎으로 기어다니던 작고 뒤틀린 장애인에서, 강인하고 당당한 남자가 되었다.

23 어떻게 가능했을까? 최대한 빠르고 간단하게 그 비결을 가르쳐주겠다.

24 나는 내가 가장 필요로 하는 조건들을 담은 확언을 만들었다. "나는 온전하고, 강력하고, 사랑스럽고, 조화롭고, 행복하다"라고 반복해서 말하며 나 자신에 대한 확신을 쌓아갔다. 자다가도 일어나서 말할 수 있을 정도로 반복하고 또 반복하여 습관으로 만들었다. 그것이 내가 아침에 눈뜨자마자 처음으로 하는 말이자 밤에 내가 자기 전에 마지막으로 하는 말이었다.

25 나는 나 자신을 위해서뿐만 아니라 그것을 필요로 하는 사람들을 위해서도 확언을 활용했다. 이 점을 강조하고 싶다. 당신이 원하는 것이 무엇이든 다른 사람들에게도 이익이 되는 것이어

야 하고 그러기를 바라야 한다. 그래야 모두에게 도움이 된다. 우리는 모든 것을 뿌린 대로 거둔다. 우리가 건강과 사랑에 대해 생각하면 물 위에 던진 빵처럼 그대로 돌아온다. 두려움, 걱정, 질투, 분노에 대해 생각하면 그대로 우리 삶의 결과가 된다.

26 사람은 7년마다 변화의 시기를 겪는다고 한다. 하지만 어떤 과학자들은 그 주기가 11개월이라고도 말한다. 후자에 따르자면 우리 나이는 고작 11개월인 셈이다. 그런데 우리가 해마다 결함만을 쌓는다면 그것은 전적으로 우리 자신의 탓이다.

27 사람은 자신이 하는 생각의 총합이다. 그래서 문제는 우리가 어떻게 악한 생각을 배척하고 선한 생각만 할 수 있는가에 있다. 악한 생각이 우리에게 오는 것을 막을 수는 없지만 그런 생각 속에 사는 것은 막을 수 있다. 그 유일한 방법은 다른 것으로 대체하여 그 존재를 완전히 잊어버리는 것이다.

28 두려움, 걱정, 질투, 분노와 같은 생각이 당신에게 다가올 때 확언으로 그것을 방어하라. 빛으로 어둠을 무찔러라. 매서운 추위보다 따뜻한 온기가 더 강하듯이 악은 선으로 이길 수 있다. 좋은 것을 발견하고 긍정하면 나쁜 것이 사라진다.

<u>29</u> 확언을 무기로 사용하라. 당신의 잠재의식에 완전히 깃들 때까지 그것을 계속 말하라. 당신이 차 안이든 사무실이든 집 안이든 언제든 그것을 사용할 수 있다. 이것이 영적인 방법의 장점이다. 영혼은 어디에나 존재하고 언제나 준비되어 있다. 필요한 일은 그 존재를 깨닫고 전지전능함을 믿는 것이다. 그리하면 전능성의 수혜자가 될 것이다.

<u>30</u> 당신이 지닌 주된 정신 자세가 용기, 친절, 배려 중 하나라면, 당신이 맞닥뜨리는 환경이 이러한 생각과 일치한다는 사실을 알게 될 것이다.

<u>31</u> 생각은 원인이고 환경은 결과다. 선한 생각이 선한 결과를 만든다. 악한 생각이 악한 결과를 만든다. 생각하는 것이 발현되는 것, 이것이 바로 우주의 법칙, 끌어당김의 법칙, 원인과 결과의 법칙이다. 이 법칙을 알고 세상을 살아간다면 무엇이든 시작과 끝이 결정될 것이다. 이 법칙에 따라 모든 시대의 사람들이 기도의 힘을 믿게 됐다. "너희의 믿음 대로 되리라"라는 말 안에 이 모든 것이 내포되어 있다.

<u>32</u> 이번에는 식물을 시각화해보라. 당신이 가장 좋아하는 꽃을 하

나 골라서 그것의 시작으로 거슬러 올라가보라. 작은 씨앗을 심고, 물을 주고 돌보며, 아침 햇살을 받을 수 있는 곳에다 둬라. 그리고 그것이 자라나 꽃을 피우는 과정을 지켜보라. 보이지 않는 곳에서 보이는 곳으로 움트는 모습을 보라. 작은 씨앗은 이제 생존 방법을 스스로 취하는 생명체가 되었다. 뿌리가 흙을 뚫고 사방으로 뻗어나갈 것이다. 각각의 세포는 지능이 있으며, 원하는 것을 얻으려고 계속해서 증식할 것이다. 잎사귀와 꽃봉오리, 가지들이 얼마나 아름다운 대칭을 이루고 있는지 보라. 마침내 꽃봉오리가 열리기 시작하고 당신이 가장 좋아하는 꽃의 모습이 될 것이다. 당신이 시각화한 아름다운 창조물이 부드럽게 흔들리며 향기를 내뿜을 것이다.

33 당신의 비전을 분명하고 완전하게 시각화할 수 있을 때 당신은 사물의 영혼에 닿을 수 있다. 보이지 않는 곳에서 싹을 틔울 준비를 하는 씨앗을 볼 수 있다는 말이다. 그로써 당신은 그 비전과 사물에 더욱 집중하고, 그것을 성취하는 데 필요한 모든 조건과 환경을 끌어당겨, 마침내 현실화할 수 있을 것이다.

34 성공한 사람들은 목표로 하는 대상에 꾸준히 집중하여 성공을 이루었다.

The Secret of Wealth and Sucess
MASTER KEY SYSTEM

CHAPTER 10

당신이 원하는 것이
당신을 찾아올 것이다

01   풍요는 우주의 자연법칙이다. 자연이 그 결정적 증거로 언제나 풍요로 가득 차 있다. 우리는 어디서든 자연을 볼 수 있고 취할 수 있다. 자연은 어떤 피조물에도 아낌없이 내어준다. 수없이 많은 식물과 동물의 창조와 재창조, 번식에 대해 자연이 기여하지 않은 부분이 없다. 이는 사람에게도 마찬가지다. 하지만 모든 이가 이 풍요로움에 동참할 수 있는 건 아니다. 우주의 자연법칙과 내면 세계의 원리를 아직 깨닫지 못했기 때문이다.

02   모든 부는 힘의 산물이다. 힘과 권력을 통해 얻은 소유물이 가치가 있다. 모든 사물은 그 권력의 세기를 나타낸다.

03   전기, 화학적 작용, 중력을 지배하는 법칙에서 알 수 있듯이, 원인과 결과에 대한 지식은 용감하게 계획을 세우고 두려움 없이

이를 실행할 수 있게 한다. 이 자연법칙이 물리적 세계의 모든 것을 다스리지만 여기에는 물리적 힘 외에도 정신적, 도덕적, 영적인 힘도 쓰인다.

04 영적인 힘은 더 높은 차원에 존재하기 때문에 더 우월하다. 이 시공간을 초월한 자연법칙을 통해 사람들은 수백, 수천이 넘는 일을 할 수 있다. 이러한 영적인 힘에 대해 과학자 헨리 드러먼드는 다음과 같이 말했다.

05 물리적 세계에는 유기물과 무기물이 존재한다. 광물과 같은 무기물은 식물, 동물과 같은 유기물의 세계와는 완전히 분리되어 있다. 이 사이에 있는 장벽은 아직 허물어진 적이 없다. 물질의 변화도, 환경의 변화도, 화학적 반응도, 에너지의 형태도, 어떤 종류의 진화도 무기물 상태인 광물의 원자에 생명의 속성을 부여할 수 없다.

06 이 생명력 없는 무기물의 세계에 어떤 생물이 투입됐을 때만 생명력을 부여받을 수 있다. 이 방법 외에는 무기물의 영역에 속할 뿐이다. 올더스 헉슬리는 생명력은 생명체에서만 비롯한다는 '생물발생설'에 동의했고, 존 틴들은 '오늘날 존재하는 생명

체 중 이전에 존재해왔던 생명체와 무관하게 새로 생겨난 것이 있다는 말을 뒷받침할 만한 증거가 없다'고 말했다.

07 무기물의 세계에 대해서는 물리적 법칙이, 유기물의 세계에 대해서는 생물학이 설명해준다. 하지만 이 둘이 만나는 지점에 대해서는 그 어떤 과학도 설명하지 않는다. 자연의 세계와 영적인 세계 사이에서도 이러한 지점이 존재한다. 둘 사이를 오갈 수 있는 통로는 자연의 세계에 의해 막혀 있고, 아무도 열 방법을 찾을 수도 없다. 유기적 변화나 정신적 에너지, 도덕적 노력, 어떤 종류의 발전을 통해서도 영적인 세계에 진입할 수 없다.

08 식물이 광물의 세계에 손을 뻗어, 돌 사이에 풀이 자라나는 생명의 신비를 일으키는 모습처럼, 보편적 정신도 사람의 마음에 손을 뻗어 새롭고, 신기하고, 경이로운 특징을 부여할 수 있다. 모든 산업, 상업, 예술 분야를 통틀어 성공한 사람들은 이 과정을 거쳤다.

09 생각은 무한함과 유한함을 연결하고, 보편성과 개인성을 연결한다. 무기물과 유기물 사이의 장벽은 무기물에 생명을 수정시키는 것뿐이다. 씨앗이 광물 세계에 뿌리를 내리고 싹을 틔울

때 물질은 생명력을 얻는다. 이 과정에서 보이지 않는 수많은 가지가 새 생명을 위해 이곳저곳으로 뻗어나간다. 성장의 법칙이 작용하여 꽃이 피어나는데, "솔로몬이 맛본 모든 영광도 이 꽃 하나에 비하면 부족하다"는 말이 실현되는 것이다.

10 생각이 모든 창조의 근원이 되는 보편적 정신과 조화를 이루고 물질에 뿌리를 내릴 때 성장의 법칙이 작동하기 시작한다. 그 조건과 환경은 우리 생각이 외적 형태로 드러난 것일 뿐이다.

11 성장의 법칙은 보이지 않는 대상을 객관적인 세계의 물질로 이끌어내는 역동적인 에너지다. 이것이 만물이 생겨나는 방법이다. 이 법칙을 이해한다면 당신은 전능자의 은밀한 장소에 들어가 '만물을 다스릴 수 있는 마스터키'를 부여받은 셈이다.

12 이 법칙을 작동시켜 우리에게 주어진 멋진 기회들을 붙잡을 때 우리는 우리 스스로가 이 법칙에 이바지하는 것이 없음을 기억해야 한다. "나 스스로 일하는 것이 아니라 아버지께서 내 안에 계셔서 그의 일을 하시는 것"이라는 예수의 태도를 우리도 본받아야 한다. 창조의 과정에서 우리가 할 수 있는 것은 없다. 단지 법칙에 순종하면 모든 창조의 근원이 되는 정신이 결과를 가져

다줄 것이다.

13 오늘날 사람들이 하고 있는 잘못된 생각은 전능자가 어떤 목적
이나 결과를 이루기 위해서 펼치는 지성을 인간이 만들어내야
한다는 것이다. 이는 크나큰 착각이다. 전능자는 필요하다면
어떤 결과도 얻어낼 수 있다. 다만 우리는 이상을 만들어내야
하며, 이 이상은 완벽한 것이어야 한다.

14 전기가 공급되는 방식을 보라. 우리는 이 보이지 않는 에너지가
수천 가지의 방법으로 활용되며 우리에게 편리함과 안락함을
가져다준다는 것을 잘 알고 있다. 어느 곳에서든 전 세계로 메
시지를 보낼 수 있고, 거대한 기계를 움직이고, 마음만 먹으면
하루 종일 불을 밝힐 수도 있지만 우리가 무지몽매한 행동으로
그 법칙을 위반한다면 위험한 결과에 이른다.

15 인과관계의 법칙은 양극성을 띠기 때문에 회로를 만들어야 한
다고 설명한 바 있다. 이 회로는 우리가 법칙과 조화를 이루어
야만 만들 수 있다.

16 법칙은 모든 곳에서 작용한다. 모든 자연은 조용히, 끊임없이

성장의 법칙에 따른다. 성장이 있는 곳에는 생명이 있다. 생명이 있는 곳에는 조화가 있다. 따라서 모든 생명체는 자신이 가장 완전하게 표현되기 위해서 필요한 모든 조건과 공급을 끌어당긴다.

17 당신의 생각이 자연의 창조 원리와 조화를 이룬다면 곧 보편적 정신과도 조화를 이룬다는 것이다. 그때 회로가 형성되고 반드시 그에 따른 결과물이 돌아온다. 하지만 당신의 생각이 자연의 창조 원리와 일치하지 않을 수도 있다. 그렇다면 양극의 회로가 형성되지 않는다. 전기는 계속 생산하고 있지만 회로가 차단되어 에너지가 갇혀버리는 것이다.

18 따라서 자연의 창조 원리와 그리고 보편적 정신과 조화를 이루는 생각을 해야 한다. 지혜롭고, 강인하며, 건설적인 생각은 창조의 원리와 부합하고 조화롭다. 모든 파괴적이고 경쟁적인 생각을 사라지게 하고, 상황을 조화로운 결과로 이끈다. 결핍과 한계가 있는 부정적인 상황을 맞닥뜨리게 하는 것은 연약한 생각에서 비롯한다. 하지만 연약함은 우주의 보편적 정신이 우리에게 준 것이 아니며, 우리 내면에 그 어떤 것도 연약함의 근원이 되지 않는다. 이 실체 없는 부조화를 치료하는 방법은 그 반

대의 능력을 키우는 것뿐이다.

19 당신의 지식이 방법이 될 수 있다. 풍요는 하늘에서 떨어지거나 당신 무릎으로 떨어지는 것이 아니다. 당신이 끌어당김의 법칙을 정확히 이해하고, 분명한 특정 목적을 위해 그것을 작동시키려는 의도를 지니며, 그 목적을 실행에 옮길 때 자연의 법칙에 따라 당신이 바라는 것이 현실화된다. 당신이 사업가라면 비즈니스적 발전을 이루고 성장할 것이다. 새롭고 흔하지 않은 사업 판로가 열릴 수 있다. 그리고 이 법칙이 완전히 작동할 때, 당신이 원하는 것이 거꾸로 당신을 찾아올 것이다.

21 이제 평소 앉는 자리에 가서 벽에 기대앉거나 편안하게 있을 수 있는 공간을 찾아보아라. 그리고 머릿속으로 가로 15센티 정도의 검은 선을 그려라. 벽에 실제로 그린 것처럼 선명하게 보려고 노력하라. 양쪽 끝에서 이 선과 연결해서 사각형을 그려라. 그다음에는 사각형 안에 원을 그려라. 원의 중심에 점을 하나 찍고 그것을 당신 쪽으로 25센티 정도 끌어당겨라. 그러면 정사각형을 바닥으로 하는 원뿔이 생겨날 것이다. 이 검은색 원뿔을 흰색, 빨간색, 노란색으로 차례대로 바꿔보라.

이렇게 머릿속으로 선명히 그림을 그릴 수 있다면, 그것을 당신 마음속의 어떤 대상으로 바꿔서 생각하는 것이 가능하다면 고도의 집중력을 발휘할 수 있다. 어떤 대상이나 목표를 뚜렷하게 그려낸다면 그것을 실제로 눈앞에 보이는 형태로 실현해내는 것은 시간 문제다.

The Secret of Wealth and Sucess
MASTER KEY SYSTEM

CHAPTER 11

믿음의 크기가
성공의 크기다

01 귀납적 추론법은 객관적 정신의 작용으로, 서로 다른 여러 가지 상황을 비교하여 공통된 요인을 찾아내는 과정이다.

02 귀납적 추론법은 사실을 비교하는 것이 먼저다. 이런 식으로 자연을 연구해서 법칙의 영역을 발견했고, 이는 인류의 진보에 큰 획을 그었다.

03 귀납적 추론법은 미신과 지성을 엄격하게 구분한다. 이는 삶의 불확실성과 변덕의 요소를 제거하고 법칙과 이성으로 확립했다.

04 앞서 언급한 '문지기'가 바로 이것이다.

<u>05</u> 법칙의 영역을 확립한 것은 불확실성과 변덕이 가득했던 세상에 혁명이 일어난 것과 다름없다. 태양이 지구 주위를 맴도는 것이 아니라 그 반대로 지구가 태양 주위를 맴돌기 시작했다. 평평하던 지구가 원형의 형태가 되었다. 쓸모없던 광물이 활성 원소로 분해되어 움직이는 요소로 존재하고, 망원경으로 우주의 어디를 관찰하든 역동성과 생명력을 발견할 수 있다. 이제 우리는 우주의 모든 유기물이 어떤 질서에 따라 그 생명력을 유지하고 수정하는지 묻지 않을 수 없다.

<u>06</u> 같은 극과 같은 힘은 튕겨 나가거나 계속 대치하는 상태로 남는다. 이런 식으로 별 사이의 거리, 사람 사이의 거리, 작용하는 힘의 거리가 유지되는 것이다. 서로 다른 미덕을 가진 사람들이 파트너로 일하면 양극에서 서로를 끌어당긴다. 산이나 가스처럼 공통점이 없는 원소가 결합하고 과잉과 수요 사이에서 활발한 교환이 이루어진다.

<u>07</u> 우리의 눈이 보색관계의 색을 보면 만족하듯이 필요와 욕구와 소망도 넓은 의미에서 행동을 유발하고 인도하며 결정한다.

<u>08</u> 법칙들을 알고 거기에 따라서 행동할 수 있다는 것은 사실 하나

의 특권이다. 조르주아 퀴비에는 멸종된 동물의 이빨을 연구했다. 이빨이 기능을 하려면 붙어 있을 몸이 필요하다는 점을 바탕으로 그에 맞는 신체조건을 정확하게 추론해내고 동물의 구조를 재구성했다.

09 천왕성의 움직임에서는 섭동*이 포착된다. 르 베리에는 태양계가 질서를 유지하려면 특정한 자리에 행성이 하나 더 필요하다고 보았고, 그가 지정한 장소와 시간에서 해왕성을 발견했다.

10 동물의 본능적 욕구와 퀴비에의 지성적 욕구 그리고 자연의 필요와 르 베리에의 마음은 일치했다. 그 결과, 존재에 관한 고찰을 통해 그다음 존재를 발견했다. 정당하고 정확한 욕구가 있으면 더 복잡한 자연의 운행이 생겨난다.

11 인간은 자연이 제공한 해답들을 정확히 기록했고, 과학의 발전을 통해 자연에 대한 감각의 지평을 넓혔다. 지구를 움직이는 지렛대를 손에 넣은 것이다. 매우 가깝고 다양하게 외부 세계를

---

* Perturbation. 태양 주위를 돌고 있는 행성의 궤도가 다른 천체의 힘에 의해 교란되어 정상적인 타원형을 벗어나는 현상을 말한다.

접하게 되었으며, 시민의 삶과 자유, 행복이 정부의 존재와 하나이듯이, 인간의 욕구와 목적도 이 거대한 자연과 우주와 하나가 되었다.

12 개인의 이익이 스스로를 비롯해서 국가의 군사력에 의해 보호되는 것처럼 그리고 개인의 필요가 얼마나 보편적이고 꾸준한가에 따라서 그 공급의 정도가 달라지는 것처럼, 자연의 왕국에서는 의식 있는 시민이 되면 더 강력한 힘의 도움을 받아 그보다 못한 힘들로부터 더 이상 괴롭힘을 받지 않게 된다. 또, 기계나 화학 물질에 적용되는 저항이나 유도의 법칙에 순응함으로써 도구를 만드는 이와 사용하는 이 모두에게 가장 이익이 되는 방향으로 분배된다.

13 플라톤이 사진사가 찍은 사진을 볼 수 있었더라면, 귀납적 추론법을 이용해 인간이 할 수 있게 된 수백 가지 유사한 예시를 볼 수 있었더라면 그는 아마도 그의 스승 소크라테스의 지적인 산파를 떠올렸을 것이다. 그리고 그 자신의 마음속에서, 모든 기계적인 노동과 반복을 인간이 행할 필요 없이 자연의 힘에 맡겨지고, 우리의 욕구가 의지에 의해 움직이는 정신작용만으로도 만족되고, 공급이 수요를 충족시키는 세상을 그렸을 것이다.

14 그 세상이 아무리 멀게 느껴진다 해도 귀납적 추론법 덕분에 인간은 이를 향해 나아가야 한다는 것을 배웠으며, 지난날의 충성에 대한 보답이자 앞으로 더욱 헌신할 동기를 얻었다.

15 귀납적 추론법은 우리가 남은 생애 동안 우리의 기능을 집중하고 강화하는 데 도움이 되고, 가장 순수한 형태의 정신작용만으로도 개인과 세상의 문제에 대한 확실한 해답을 얻게끔 한다.

16 이 방법의 핵심은 어떤 일을 이루기 위해서는 추구하는 일이 이미 이루어졌다고 믿어야 한다는 것이다.

17 플라톤도 이 방법이 아니었다면 생각을 현실화하는 방법을 찾지 못했을 것이다.

18 임마누엘 스베덴보리 역시 이에 동의하는 원칙을 주장했으며, 더 위대한 스승 예수는 "무엇이든지 기도하고 구하는 것은 받은 줄로 믿어라. 그리하면 너희에게 그대로 되리라"라고 말했다. 이 구절의 시제 차이는 놀랍다.

19 우리가 먼저 우리의 소원이 이미 이루어졌다고 믿을 때 실제로

소원이 현실이 될 것이다. 이는 이미 기정사실로 믿고 있는 일을 보편적 정신에 각인시키는 방법을 통해 생각의 창조력을 활용하는 방법이다.

20 그러므로 우리는 절대적인 차원에서 생각하고 모든 조건과 제약에 대해서는 생각하지 말아야 한다. 씨앗을 심고 방해하지 않는다면 마침내 자라나 밖으로 열매를 맺게 될 것이다.

21 정리해보자. 귀납적 추론법은 객관적 의식의 작용이고, 여러 다른 상황을 비교해서 그 원인 속 공통분모를 찾아내는 것이다. 이 세상 모든 문명국가의 시민들은 스스로가 이해할 수 없는 과정을 통해 결과를 얻고 있으며, 그렇기에 이 과정을 다소 신비하다고 여긴다. 우리에게 이성이 주어진 것은 이러한 결과 속에서 공통분모를 찾아내는 것, 즉 법칙을 발견하기 위함이다.

22 몇몇 행운을 거머쥔 사람들은 이것을 발견할 수 있는 사고력을 타고났다. 이들은 다른 사람들이 애써야만 얻을 수 있는 것을 쉽게 해낸다. 언제나 올바르게 행동하기 때문에 양심에 거리낄 것이 없으며, 재치 있는 행동으로 모든 것을 빨리 배우고, 한번 시작한 일은 말끔하게 처리한다. 언제나 조화를 이루며 살아가

면서 후회나 어려움을 느끼지 않는다.

23 이 사고력, 다시 말해 생각의 열매는 신의 선물과도 같지만 아직 이 가치를 완전히 이해하고 감사하는 사람은 없다. 정신이 지니는 이 놀라운 힘을 깨닫고, 이 힘을 인간사의 모든 문제를 해결하는 데 활용할 수 있다는 사실을 인식하는 것이 중요하다.

24 모든 진리는 현대 과학의 용어든 사도 시대의 언어든 설명되는 그 본질은 같다. 진리가 완전성을 갖추려면 다양한 진술이 필요하다는 것, 즉 인간이 세운 그 어떤 공식도 진리의 모든 면을 설명할 수 없다. 하지만 이를 인정하지 못하는 소인배들이 있다.

25 변화, 강조, 새로운 언어, 새로운 해석, 낯선 관점은 일부 사람들이 생각하는 것처럼 진리에서 벗어난 징후가 아니라 반대로 진리가 인간의 필요에 대한 새로운 관계에서 파악되고 있으며 더 대중적으로 이해되고 있다는 증거다.

26 진리는 각 세대와 모든 사람에게 걸맞은 새롭고 다양한 용어로 전해져야 한다. 그리하여 예수가 "받은 줄로 믿어라. 그리하면 너희에게 그대로 되리라"라고 말했을 때나 사도 바울이 "믿음은

보이지 않는 것의 실체다"라고 했을 때나 또, 현대 과학이 '끌어당김의 법칙은 생각이 그 대상과 상관관계를 맺는 방식이다'라고 했을 때 이 모든 진술은 분석을 통해서 정확히 동일한 진리를 가리킨다는 것을 알 수 있었다. 유일한 차이점은 말하는 방식이다.

27 새로운 시대가 우리의 코앞에 다가와 있다. 인류가 완성의 비결을 터득하고 이제까지 누구도 꿈꾸지 못한 놀라운 사회가 도래했다. 현대 과학과 신학의 충돌, 종교적 해석의 차이, 새로운 사회 운동의 강력한 힘 등은 모두 새로운 질서를 예비하는 일일 뿐이다. 낡고 무력해진 전통적 방식은 사라졌을지 모르나 진리는 살아 숨 쉬고 있다.

28 새로운 표현 방식을 요구하는 새로운 믿음이 이미 태어났다. 이는 오늘날 곳곳에서 일어나는 영적 활동들을 통해, 힘에 대한 깊은 의식 속에서 형성되고 있다.

29 광물 속에서 잠자고, 땅속 채소 속에서 숨을 쉬고, 동물 안에서 활동하고, 사람 안에서 가장 높은 발달을 추구하는 영은 곧 우주의 보편적 정신이다. 우리는 우리에게 주어진 권한을 사용함으

로써 존재와 행동, 이론과 실제 사이의 틈을 채워 나가야 한다.

30 생각은 물질을 발견하고, 분별하고, 분석하고, 지배하고, 힘을 전유하고, 결합되도록 하고, 발명되도록 하고, 적용함으로써 스스로를 표현해낸다. 생각이 지성을 바탕으로 한 창조력이기 때문에 가능한 일이다.

31 생각은 그 자신의 신비한 깊이로 파고들 때 가장 고상한 활동에 도달한다. 자아라는 좁은 영역을 벗어나 진리에서 진리로 이동하며 영원한 빛의 영역으로 들어갈 때 이전에 존재했고, 지금도 존재하며, 앞으로도 존재할 모든 것이 하나의 거대한 조화 속에 녹아든다.

32 이러한 고찰의 과정에서 영감을 얻어 창조적 지성으로 발휘된다. 부정할 여지 없이 이것은 자연의 모든 요소, 힘, 법칙보다 뛰어나다. 영감이 있으면 이 모든 것을 자신의 목적과 목표에 맞도록 적용할 수 있으며 그를 통해 원하는 것을 얻을 수 있다.

33 지혜는 이성이 깨어날 때 시작된다. 이성은 우리가 사물의 진정한 의미를 알게 해주는 지식과 원리를 이해하는 것에 지나지 않

는다. 그러므로 지혜는 개화된 이성이다. 겸손은 지혜의 큰 부분이기에 지혜가 있으면 자연스레 겸손하다.

34 우리는 불가능해 보이는 일을 성취하고, 일생일대의 꿈을 이루고, 자기 자신을 포함한 모든 것을 변화시키는 데 성공한 사람들을 알고 있다. 또, 우리는 누구나 가장 필요로 하는 순간에 꼭 나타나는 것처럼 보이는 기적적인 힘의 등장에 놀란 적이 있다. 하지만 이제 모두 분명해졌다. 세상의 법칙들을 이해하고 이를 적절히 적용하기만 하면 되는 것이다.

35 이번에는 "받은 줄로 믿어라. 그리하면 너희에게 그대로 되리라." 이 구절에 집중해보자. 한계란 없다고 생각하라. 우리에게 있는 유일한 한계는 어떤 상황에도 당황하지 않는 능력, 위기에 대처하는 능력, 믿음은 그림자가 아니라 실체라는 것을 기억하는 능력에만 있다. "믿음은 보이지 않는 것의 실체다."

The Secret of Wealth and Sucess
MASTER KEY SYSTEM

CHAPTER 12

끌어당김의 법칙으로
성공의 퍼즐을 맞춰라

<u>01</u> 생각의 창조력을 과학적으로 이해할 때 성취하지 못할 삶의 목
표는 없다.

<u>02</u> 생각하는 힘은 모두에게 공통적이다. 사람은 생각하기 때문에 존
재하고, 생각하는 능력은 무한하며, 사람의 창조력은 무한하다.

<u>03</u> 우리의 생각이, 우리가 생각하는 바를 우리에게로 끌어당긴다
는 것을 알면서도 두려움과 걱정과 실망을 떨쳐내지는 못한다.
이런 생각들은 계속해서 우리가 바라는 것들을 멀리 떠나보낸
다. 한 걸음 전진하고도 두 걸음 물러서는 셈이다.

<u>04</u> 후퇴하지 않는 유일한 방법은 앞으로 나아가는 것이다. 성공을
위해서는 당신의 능력에 대해 제대로 알고, 도전할 용기를 가

지며, 반드시 그렇게 할 수 있다는 신념을 가져라. 이 세 단계가 성공을 위해 절대적으로 필요하다.

05 이를 바탕으로, 이상적인 사업, 이상적인 집, 이상적인 동료들 그리고 이상적인 환경을 구축할 수 있다. 당신에게 재료와 비용의 제약은 없다. 생각은 전능하며, 필요한 것은 무엇이든 무한한 재료의 은행에서 끌어올 수 있는 능력이 있다. 무한한 자원이 당신 손에 있다.

06 하지만 당신의 이상은 날카롭고, 뚜렷하며, 분명해야 한다. 오늘 목표로 삼은 이상이 있는데, 내일은 다른 것을 그리고 다음 주에는 또 다른 이상을 가진다면, 힘을 낭비하게 되고 아무것도 성취하지 못한다. 낭비된 재료들이 무의미하고 혼란스럽게 뒤섞여 있을 것이다.

07 불행히도 대부분의 사람이 이러한 결과를 얻는다. 그 이유는 자명하다. 대리석 조각을 시작한 예술가가 15분마다 생각을 바꾼다면 어떤 결과를 기대할 수 있겠는가? 마찬가지로 당신이 모든 원료 중에서 가장 훌륭하고, 어떤 모양으로든 빚어낼 수 있는 좋은 원료를 가지고 있는데도 자꾸만 생각을 바꾼다면 좋은

결과가 나올 리 없다.

08 우유부단과 부정적 생각의 결과는 종종 물질적 부의 상실로 나타난다. 수년간 고생하고 노력해서 이룰 뻔했던 경제적 자립이 한순간에 사라지는 일들을 보면 돈과 재산이 자립을 보장하지 않는다는 것을 알 수 있다. 유일한 자립은 생각의 창조력을 실용적으로 활용하는 지식에 있다.

09 당신이 가질 수 있는 단 하나의 진정한 능력은, 신성하고 변하지 않는 원칙에 순응해야 얻어지고 발휘할 수 있다. 무한의 존재와 자연법칙에 대한 이해를 통해 당신의 사고방식과 능력이 무한의 존재와 상응하게 된다. 이 전능함과 당신의 능력이 협력할 때 바라던 성공에 닿을 것이다.

10 생각의 힘을 통해 이룰 수 있을 것 같은 매혹적인 일이 많이 있지만 그것은 삶에 도움이 되기는커녕 해로운 경우가 더 많다. 껍데기만 그럴싸한 위조품과 같다.

11 걱정과 두려움처럼 부정적인 생각들은 그에 따른 결과를 가져온다. 이런 생각을 품고 있는 사람은, 뿌린 대로 거두듯이 생각

에 따른 결과를 맞닥뜨린다.

12 심령주의 집회를 통해 증거와 실증을 찾으려는 기현상 추구자들이 있다. 그들은 마음의 문을 열어서 정신 세계에서 가장 해로운 흐름을 받아들인다. 만일 그러한 형태를 보고, 듣고, 느낀다면, 온갖 부정적인 에너지에 자신의 활력을 모두 소진하기 때문이라는 사실을 깨닫지 못할 뿐이다.

13 또 힌두교 숭배자들도 있는데, 그들은 달인이라고 불리는 사람들이 행하는 연금술에서 힘의 원천을 찾는다. 이들은 의지가 사라지는 순간, 형태가 사라지고 그것을 구성하고 있던 힘도 사라진다는 사실을 깨닫지 못한다.

14 텔레파시나 생각 전이는 상당한 관심을 받아왔지만 수용자로 하여금 온전하지 못한 정신 상태를 요구하기 때문에 해롭다. 생각을 보여주거나 들려줄 수는 있지만 관련한 원칙을 위배하는 것이기에 대가를 치른다.

15 최면은 행하는 자와 수용자 모두에게 매우 위험하다. 다른 사람의 의지를 장악하는 일이기 때문이다. 수용자뿐만 아니라 최면

을 행하는 자 역시 점점 스스로의 힘을 빼앗기게 될 것이다.

16 이 모든 방법은 일시적인 만족을 가져다주고, 분명 매혹적인 부분이 있다. 하지만 내면에 있는 힘에 대해서, 그것을 활용함으로써 더 증가하는 힘을 진정으로 이해한다면 잘못된 방법에 심취하지 않을 것이다. 심령술, 연금술, 최면술처럼 일시적이지도 않고 영구적인 것이다. 과거의 실수나 잘못된 생각으로 인해 벌어진 결과를 구제하는 교정 기관과 같고, 모든 잘못된 것으로부터 우리를 보호하는 예방 기관과 같다. 마침내 우리가 새로운 조건과 환경을 얻어 건설적인 삶을 살 수 있도록 하는 창조적 힘이다.

17 법칙에 의하면 생각은 그 대상과 연결되며, 정신 세계에서 생각한 것은 그대로 물질 세계에서 이루어진다. 모든 생각에 진리의 싹이 잠재되어 있어야만 성장의 법칙이 선을 실현할 것임을 알아야 한다. 오직 선만이 영원한 힘을 선사하기 때문이다.

18 생각을 그 대상과 연결하고, 그로써 삶의 역경을 이겨낼 역동적 힘을 제공하는 법칙이 있다. 바로 끌어당김의 법칙, 다른 말로 '사랑'이다. 사랑은 영원하고 핵심 원칙으로 만물에 내재한다.

또, 모든 철학과 종교, 과학 체계에 내재한다. 사랑의 법칙을 벗어나서 생각할 수 있는 것은 없다. 사랑은 생각에 활력을 불어넣는 감정이다. 감정은 욕망이고, 욕망은 사랑이다. 사랑을 바탕으로 하는 생각은 무적이다.

19 생각의 힘이 진정으로 이해받을 때 진리가 살아 숨 쉰다. 우주의 보편적 정신은 지성이자 물질이다. 이 물질은 끌어당김의 법칙에 의해 원자를 형성하는 인력이다. 원자는 법칙에 의해 단계별로 결합되어 분자를 형성한다. 분자는 외적인 형태를 띤다. 사랑의 법칙은 원자뿐 아니라 세계, 우주 그리고 우리가 상상할 수 있는 모든 것, 모든 개념, 모든 표현을 창조하는 힘이다.

20 이 놀라운 끌어당김의 법칙이 작용함에 따라 사람들은 그들의 청원과 욕망에 응답하고, 그들의 요구를 들어주기 위해 일을 계획하는 어떤 존재가 있다고 믿어왔다.

21 생각과 사랑의 조합은 끌어당김의 법칙을 발현시켜 저항할 수 없는 힘을 형성한다. 중력의 법칙, 전기의 법칙, 수학적 정확성에 의해 작동하는 법칙 등 모든 자연법칙은 저항할 수 없다. 다리가 무너졌다고 해서 중력의 법칙이 깨졌다고 하지 않는다. 불

이 켜지지 않는다고 해서 전기의 법칙을 믿을 수 없다고 하지 않는다. 경험이 없고 미숙한 사람을 통해서 끌어당김의 법칙이 발현된다고 해서 가장 위대하고 정확한 법칙이 힘을 잃었다고는 것이다. 다만 분배의 통로가 불완전할 뿐이므로 더 견고한 발현을 위해서는 법칙에 대한 이해가 필요하다.

22 사물은 외부적인 행동이나 사건으로 나타나기 전에는 정신적 혹은 영적 세계에서 먼저 형성된다. 오늘날 우리의 생각의 힘을 지배하는 간단한 과정을 통해 미래에, 아니 당장 내일 우리 삶에 올 사건을 창조할 수 있다. 자신이 소망하는 바를 향하여 계발하는 것은 끌어당김의 법칙을 발현하는 가장 강력한 방법이다.

23 인간은 체계적인 존재이기에 먼저 생각할 힘을 얻을 도구를 만들어내야 한다. 정신은 새로운 생각을 받아들일 뇌세포를 형성하기 전까지는 그 생각을 완전히 이해할 수 없다. 그래서 새로운 생각을 받아들이거나 인정하는 데 시간이 걸리는 것이다.

24 만일 당신이 이 끌어당김의 법칙이 지닌 전능한 힘과 그 힘의 과학적 작동 원리에 대해서, 이 법칙을 통해 얻을 수 있는 자원과 그것을 활용하게 될 사람들에게 주어지는 무한한 가능성에

대해 모르고 있다면, 지금부터 그 이해에 필요한 뇌세포를 만들어가면 된다. 자연법칙들과 협력하면 그 힘은 당신에게 온다.

25 의도가 주의력을 지배한다. 힘은 안식을 통해 온다. 깊은 생각, 현명한 말, 잠재력의 실현 같은 능력의 발현 그 바탕에는 고도의 집중력이 있다.

26 모든 능력의 근원인 잠재의식이 전능한 힘을 접하게 되는 것은 침묵 속에서다.

27 지혜와 능력을 얻고 지속적인 성공을 원하는 사람은 오직 내면에서만 그 방법을 찾을 수 있다. 이 모든 것을 침묵 속에서 얻는다고 할 때 생각 없는 사람들은 아주 간단하다고 여길 수 있다. 하지만 완전한 침묵은 결코 단번에 닿지 못한다. 자연법칙들을 배우고 그것을 삶에 적용하기 위해 끈질기게 연습하고 집중해야만 닿을 수 있다. 오직 절대적인 침묵 속에서만 이 모든 것이 가능하다.

28 이제 이전과 같은 자리에 앉아서 모든 긴장을 풀어라. 무엇이든 정신적이든 육체적이든 압박감 속에서 행하려 하지 말라. 근육

이나 신경이 긴장되지는 않았는지, 완전히 편안한 상태인지 확인하라. 그리고 전능한 힘과 하나가 되어라. 이 힘과 접촉하고 생각할 수 있는 능력이 우주의 보편적 정신과 일치한다는 것을 이해하라. 온전히 느끼고 감사하라.

The Secret of Wealth and Sucess

MASTER KEY SYSTEM

CHAPTER 13

스스로가 어떤 존재인지
확신하라

01 과학은 예외적인 것들을 설명하고, 증명하고, 일반화하는 경향
이 있다. 화산의 분출이 좋은 예시다. 화산의 분출은 지구 내부
에서 끊임없이 활동하고 있는 열의 존재와 그것이 지구를 구성
하고 있다는 것을 말해준다.

02 번개는 무기물의 세계에 변화를 일으키는 미묘한 힘을 보여준
다. 지금은 사라진 언어들이 한때 여러 나라에서 통용되었던 것
이나 시베리아에 있는 거대한 이빨이나 화석이 지나간 시대의
진화를 기록하고 있는 것 모두 오늘날 우리가 사는 언덕과 계곡
의 기원에 대해서 말해준다.

03 이런 식으로 예외적인 것들의 일반화는, 귀납적 추론법에 의거
한 과학의 모든 발견을 안내하는 나침반이 되었다.

04 이 방법은 이성과 경험에 기반을 두고 있으며, 미신과 선례와 인습을 타파했다.

05 프랜시스 베이컨이 이 연구 방법을 제안한 지 거의 300년이 흘렀다. 이 방법은 문명화된 국가들이 번영을 이루고, 귀중한 지식을 얻는 데 이바지했다. 편견과 특정 이론들로부터 벗어나게 하는 데 예리한 풍자보다도 더 효과적이었다. 사람들의 무지를 지적하는 것보다 놀라운 실험을 제시함으로써 인류의 관심을 종교에서 현실로 이동시키는 데 성공했다. 인간 고유의 정신을 계몽하기보다는, 가까운 시기에 유용한 발견들이 모두의 눈앞에 펼쳐질 것이라는 전망을 보여주었고, 사람들은 이를 통해 창의적인 생각을 할 수 있었다.

06 베이컨이 제안한 방법은 그리스의 위대한 철학자들의 정신을 새 시대의 관점으로 조명하고 실행에 옮긴 것이었다. 그리하여 천문학의 무한한 우주에 대한 발견, 발생학의 작은 알에서 시작하는 탄생, 지질학의 알려지지 않은 지구의 역사 등 놀라운 지식 분야를 개척해냈다. 아리스토텔레스의 논리학이 결코 밝힐 수 없었던 세계의 질서를 밝히고, 스콜라 철학의 변증법이 분별할 수 없었던 물질적 결합을 새로운 방법으로 분석해냈다.

07 귀납적 과학 덕분에 인간 수명이 연장되었고, 의학이 발달했으며, 불치병이 사라졌다. 토지 생산성이 향상되고, 대륙과 대륙을 잇는 다리가 개발되었고, 바다를 안전하게 항해하는 것이 가능해졌다. 번개가 하늘에서 땅으로 스며들게 하고, 밤을 낮처럼 밝히게 되었으며, 인간의 시야 범위를 넓히고, 인간 근육의 힘을 배로 증가시켰다. 거리를 단축하고 움직임을 가속화하여 왕래, 연락, 만남, 업무상 파견 등을 촉진시켰다. 인간이 바다 깊숙한 곳까지 내려갈 수 있게 되었고, 하늘로 날아오를 수 있게 되었으며, 지구의 위험한 깊은 곳에도 파고들 수 있게 되었다.

08 이것이 귀납적 과학의 본질이다. 그러나 귀납적 과학 영역에서 사람들이 이룬 성취가 크면 클수록 그 사실을 일반 법칙으로 공표하기에 앞서 우리는 모든 도구와 자원을 활용하여 그것을 더욱 면밀하게 관찰할 필요성이 있다는 것을 깨우쳤다.

09 벤저민 프랭클린이 번개의 속성을 알기 위해 구름을 향해 연을 날렸던 것이나, 갈릴레오 갈릴레이가 자유낙하의 운동을 증명하기 위해 실험을 했던 것이나, 아이작 뉴턴처럼 만유인력의 법칙을 설명하기 위해 달과 지구 사이에 작용하는 에너지를 연구했던 것이 바로 그와 같다.

10 따라서 진리에 가치를 두고, 끊임없는 발전을 소망하며, 달갑지 않은 사실일지라도 무시하거나 잘라버리지 말고, 가장 흔한 현상뿐 아니라 가장 희귀한 현상에도 관심을 기울이는 등 열려 있는 자세로 과학의 기반을 세워야 한다.

11 사람을 평가하는 데 있어서 흔히 보기 어려운 자질을 가장 높이 평가하듯이, 자연 분야에서도 상식으로는 설명하기 어려운 종류의 사실에 더 큰 중요성을 부여한다.

12 비범한 능력을 가진 사람에 대해서는 어떻게 설명할 수 있을까? 첫째, 비범하지 않다고 말할 수 있다. 하지만 이는 설명하기 어려운 것이라는 이유만으로 그렇게 말하는 것이기 때문에 정보 부족을 인정하는 셈이다. 생각의 창조적 힘에 대해서 아는 사람은 더는 '비범하지 않다', '설명할 수 없다'고 하지 않을 것이다.

13 둘째로, 초자연적 힘이 개입한 결과라고 말할 수 있다. 하지만 자연법칙을 과학적으로 이해하면 초자연적인 것은 없다는 것을 알게 된다. 모든 현상은 정확하고 분명한 원인에 의한 결과이고, 그 원인은 불변의 법칙 혹은 원칙이다. 이 법칙 혹은 원칙은 의식적이든 무의식적이든 간에 변함없이 정확하게 작동한다.

<u>14</u> 셋째로, 우리가 알아서는 안 되는 일의 발생이라고 할 수 있다. 이런 반대 견해는 인류 지식의 발전에 있어서 늘 제기되어 왔다. 컬럼버스, 다윈, 갈릴레오, 풀턴, 에머슨까지, 새로운 생각을 주장했던 이들은 모두 조롱당하거나 박해받았다. 그러기에 이런 반대 견해를 심각하게 받아들일 필요는 없다. 우리 주의를 끄는 모든 사실을 신중히 고려해야 한다. 그렇게 함으로써 우리는 그것이 기반하고 있는 법칙을 더 잘 알아낼 수 있을 것이다.

<u>15</u> 생각의 창조적 힘이 육체적, 정신적, 영적인 모든 가능한 조건과 경험의 원인임을 알게 될 것이다.

<u>16</u> 우리가 물질적 부를 생각하면 그것을 얻을 수 있다. 생각을 하나에 집중시키면, 필요한 조건이 형성되고, 상응하는 노력을 쏟을 수 있으며, 바라던 바를 이루게 된다. 하지만 그것은 종종 우리가 원하는 결과와 다를 수 있다. 일시적인 만족뿐이거나 기대했던 것과는 정반대일 수도 있다.

<u>17</u> 우리가 진정으로 원하는 것을 이루기 위한 방법은 무엇일까? 당신과 내가 원하고, 우리 모두가 원하는 것, 모두가 추구해야 하는 것은 행복과 조화다. 우리가 행복하다면 세상의 모든 것을

가질 수 있다. 또, 다른 사람들까지도 행복하게 만들 수 있다.

18 그러나 건강, 능력, 친구, 조건과 환경뿐만 아니라 우리가 마땅히 누려야 할 안락과 풍족에 부합하는 공급이 없다면 우리는 행복할 수 없다.

19 옛날의 전통적인 사고방식은 '벌레'가 되는 것이나 다름없었다. 주어지는 것이 무엇이든 거기에 만족하는 것이었다. 그러나 현대의 사고방식은 우리가 모든 것의 최고를 누릴 자격이 있다는 것, '아버지와 나는 하나'라는 것, 그 아버지는 우주의 보편적 정신, 창조주, 모든 것의 근원을 아는 것을 따른다.

20 이 '아버지'의 가르침은 지난 2천 년 동안 옳다고 인식되어 전해 내려온 것이며, 모든 철학과 종교 체계의 핵심이라는 점을 이해한 뒤에 어떻게 이것을 우리 삶에 적용할 수 있는가?

21 우선 지식을 실천에 옮겨야 한다. 이 방법 외에는 아무것도 성취할 수 없다. 운동선수가 평생 신체 훈련에 대한 이론을 읽어왔다고 해도 실제로 단련하지 않으면 결코 능력을 기를 수 없는 것처럼, 우리도 스스로 얻고자 하는 것이 있다면 그에 필요

한 모든 것을 실행에 옮겨야 한다. 그렇게 한다면 수십 배로 돌아올 것이다. 생각은 원인이고, 조건은 결과라는 단순한 정신작용을 믿어라. 용기, 영감, 건강 또는 어떤 종류의 것이든지 그에 대해 생각할 때 그 결과를 가져오는 원인을 움직이는 것이다.

22 생각은 영적인 활동이며 따라서 창조력이 있다. 하지만 의식적으로, 체계적으로 그리고 건설적으로 생각하고 지시되지 않는 한 아무것도 창조할 수 없다. 바로 여기에 나태한 생각과 건설적 생각의 차이가 나타난다. 전자는 단지 노력이 낭비된 상태에 그치지만 후자는 무한한 성취를 이룬다.

23 우리가 얻는 모든 것이 끌어당김의 법칙에 따라 우리에게 온다는 것을 다시 강조한다. 불행한 의식 속에 머무는데 행복한 생각이 나타날 수 없다. 그러므로 의식이 변해야 한다. 그리고 의식이 변하면, 새로운 상황이 요구하는 바에 맞춰 모든 조건이 변해야 한다.

24 심상이나 이상을 만들어낼 때, 우리는 만물의 근원인 보편적 정신을 투영하게 된다. 이 전지전능하고 유일한 존재에게 우리의 요구를 현실화할 적절한 통로가 무엇인지 설명할 수 있는가?

유한한 존재인 우리가 무한한 존재에게 조언할 수 있는가? 이것이 바로 실패의 원인이다. 우리는 보편적 정신이 어떤 존재인지는 인정하면서도 그에 순응하면 성공의 원인을 끌어올 것이라는 사실은 알지 못한다.

25 우리는 보편적 정신의 무한한 능력과 무한한 지혜를 인정함으로써 우리의 이익을 최대한 보호할 수 있다. 그리고 이를 통해 무한한 존재가 우리의 소망을 현실화하는 데 있어 통로의 역할을 할 수 있다.

26 이 엄청난 사실이 당신의 의식에 스며들기 시작할 때, 당신이 그저 당신의 몸이 아니라 '나'라고 칭하는 생각하는 영이고 이 거대한 우주의 필수적인 일부분임을 깨달을 때, 조물주가 자신과 다른 것을 창조할 수 없기에 그와 본질적으로 같다는 사실을 깨달을 때 당신은 이렇게 말할 수 있을 것이다. "아버지와 나는 하나다." 그리고 동시에 당신 마음대로 사용할 수 있는 아름다움, 장엄함, 초월적 기회들을 이해하게 될 것이다.

The Secret of Wealth and Sucess
MASTER KEY SYSTEM

CHAPTER 14

모든 능력과 지혜의 근원이
당신에게 있다

01 모든 움직임, 빛, 열 그리고 색의 기원이 되는 보편적 에너지는
    그것으로 인해 나타나는 많은 결과처럼 한계를 두지 않고, 그런
    모든 결과를 초월한다. 이 보편적 에너지는 또한 모든 능력과
    지혜, 지능의 근원이다.

02 보편적 에너지를 지능의 근원으로서 인식하면 정신의 학습 능
    력을 알게 되고, 이를 통해 보편적 에너지를 사용하여 당신 주
    위의 일들이 보편성과 조화를 이루도록 할 수 있다.

03 제아무리 뛰어난 과학자라 할지라도 이를 시도해본 이는 없다.
    누구도 시도해보지 않은 발견 영역이다. 사실, 이를 조금이라도
    이해하는 유물론적 학파들은 거의 없다. 그들은 힘과 원료만큼
    이나 지혜 역시 곳곳에서 찾아볼 수 있다는 사실을 아직 깨닫지

못하고 있는 듯하다.

04 누군가는 이렇게 물을지도 모른다. 자연의 법칙들이 참이라면 우리는 왜 그것을 행동으로 보여주지 못하고 있는가? 근본적인 원리가 분명히 옳은데, 왜 적절한 결과를 얻지 못하고 있는가? 실은, 적절한 결과를 얻고 있다. 우리가 법칙을 이해하고 그것을 적절히 적용하는 능력에 비례하는 결과를 얻고 있다. 누군가가 전기에 관한 법칙을 공식화해서 적용하는 법을 알려주기 전까지 우리는 전기에 관한 법칙에서 어떤 결과도 얻지 못했다.

05 이로 인해 우리와 환경의 관계는 재정립되었고, 지금까지 꿈꾸지 못했던 새로운 가능성이 열렸다. 이는 우리의 정신작용에 근간이 되는 질서정연한 법칙에 의한 것이다.

06 정신은 창조력이 있으며, 이 법칙의 기초가 되는 원리는 견고하고 타당하며, 자연 만물에 내재하고 있다. 하지만 이 창조적 힘은 개인이 아닌, 모든 에너지와 원료의 근원이자 원천인 보편적 정신으로부터 유래한다. 개인은 이 에너지를 분배하는 통로에 지나지 않는다. 개인은 보편적 정신이 수많은 조합을 만들어내어 현상을 일으키는 데 사용하는 도구다.

07 과학자들은 물질을 분자로 분해했고, 다시 분자는 원자로, 원자
는 전자로 분해됐다. 단단한 금속 단자를 단 고진공 유리관에서
전자가 발견된 것은, 이 전자들이 모든 공간을 채우고 있다는
결정적 증거다. 전자는 모든 곳, 모든 물체를 채우고 있다. 그러
므로 전자는 모든 것을 생성할 수 있는 보편적 원료인 것이다.

08 전자는 방향성이 주어져서 원자나 분자로 합해지기 전에는 영
원히 전자 상태로 남게 되는데, 이때 방향성을 주는 것은 정신
의 역할이다. 수많은 전자가 힘의 중심을 회전할 때 원자가 형
성된다. 원자는 절대적으로 규칙적인 수학적 비율에 따라 결합
하여 분자를 이루고, 이 분자들이 다시 서로 결합하여 여러 화
합물을 이룬다. 이 다수의 화합물이 결합하여 우주를 이루는 것
이다.

09 이제까지 알려진 가장 가벼운 원자는 수소이며 전자보다 1,700
배 더 무겁다. 수은의 원자는 전자보다 300,000배 더 무겁다. 전
자는 순수한 음전하이며, 열, 빛, 전기 그리고 생각과 같은 우주
에너지와 동일한 위치 속도를 가지므로 시간이나 공간을 고려
할 필요가 없다. 빛의 속도가 확인된 방식은 흥미롭다.

<u>10</u> 덴마크의 천문학자 올레 뢰머는 676년 목성의 월식을 관찰하던 중 빛의 속도에 대한 진리를 깨우쳤다. 지구와 목성 사이의 거리가 가장 가까울 때는 월식이 계산한 것보다 8분 30초 일찍 나타나지만 둘 사이가 가장 멀 때는 8분 30초 늦게 나타나는 점을 발견했다. 그는 그 이유가 빛이 목성에서부터 지구 궤도를 가로질러 오기까지 17분이 걸리기 때문이라고 결론을 내렸다. 이 계산법을 통해 빛이 초속 30만 킬로미터의 속도로 여행한다는 것이 증명되었다.

<u>11</u> 전자는 몸속에서 세포로 나타나며, 인체에서 기능을 수행하기에 충분할 정도의 정신과 지능을 가지고 있다. 인체의 모든 부분은 세포로 구성되어 있는데, 일부는 독자적으로 움직이지만, 또 다른 일부는 군집으로 움직인다. 어떤 세포는 조직을, 어떤 세포는 몸에 필수적인 여러 가지 분비물을 형성한다. 어떤 세포는 물질을 운반하고, 어떤 세포는 손상을 고치는 의사의 역할을 하며, 또 어떤 세포는 쓰레기를 치우는 청소부 역할을 하고, 어떤 세포는 바람직하지 않은 세균의 침입을 끊임없이 막아내고 있다.

<u>12</u> 이 모든 세포는 공통의 목적을 위해 움직인다. 각각의 세포는

살아 있는 생명체일 뿐 아니라 필요한 임무를 수행하는 데 충분한 지능도 갖추고 있다. 또한 에너지를 보존하고 스스로의 생명을 연장시킬 수 있는 지능도 타고났다. 그러므로 세포는 충분한 영양분을 공급받아야 하는데, 그러한 영양분의 선택에 있어서 나름의 기준이 있는 것으로 밝혀졌다.

13 각각의 세포는 태어나고, 재생하며, 죽어서 흡수된다. 건강과 생명의 유지는 지속적인 세포 재생에 달려 있다.

14 몸을 구성하는 모든 원자에는 정신이 있는 것이 분명하다. 이 정신은 음의 정신이고, 개인의 사고력이 스스로를 '양'의 상태로 만든다. 이로써 그는 이 음의 정신을 다스릴 수 있게 된다. 이것이 형이상학적 치유에 대한 과학적 설명이며, 이로써 우리는 이 놀라운 현상이 일어나는 원리를 이해할 수 있을 것이다.

15 신체의 모든 세포에 포함된 이 음의 마음은 우리의 의식적인 자각 없이 행동하기 때문에 잠재의식이라고 칭한다. 이 잠재의식이 의식의 의지에 반응한다는 것이 밝혀졌다.

16 모든 사물은 정신에서 비롯되고, 겉으로 드러난 것은 생각의 결

과다. 그러므로 사물 그 자체는 기원도, 항상성도, 실체도 없다. 생각에서 비롯한 것이기에 생각에 따라서 지워질 수도 있는 것이다.

17 자연과학에서와 같이 정신과학에서도 수많은 실험과 발견을 이루고 있다. 이를 통해 사람은 각자가 지닌 목표를 향해 한 단계 더 도약할 수 있게 됐다. 모든 사람은 그가 살아가며 주로 하는 생각들을 목표에 반영하고, 그것은 그의 얼굴과 모습과 성격, 환경 등을 통해 드러난다.

18 모든 결과의 뒤에는 원인이 있고, 만일 우리가 그 출발점을 따라 거슬러 올라간다면, 그 기원이 된 창조 원리를 찾을 수 있을 것이다. 이는 너무 자명한 사실이어서 이 진리는 이제 일반적으로 받아들여지고 있다.

19 외부의 세계는 보이지 않는 힘, 이제까지는 설명할 수 없었던 힘으로 지배된다. 지금까지 우리는 이 능력을 의인화해서 하나님이라고 불렀다. 하지만 이제는 그것을 만물의 침투하는 본질 혹은 원리로 보게 되었고 이는 무한의 존재 혹은 보편적 정신이다.

20 무한하고 전지전능한 보편적 정신은 무한한 자원을 마음대로 사용할 수 있으며, 이 세상에 그것이 가능한 존재는 단 하나뿐이다. 이 사실을 기억한다면 ,우리는 우리 자신이 보편적 정신의 표현이자 현현이라는 사실을 부인할 수가 없게 된다.

21 잠재의식의 자원에 대해 인식하고 이해하게 되면, 잠재의식과 보편적 정신 사이의 유일한 차이점은 정도의 차이일 뿐이라는 것을 알게 된다. 종류와 질적으로는 같고 단지 정도의 차이만 있을 뿐이다.

22 이 중요한 사실의 가치를 인식할 수 있는가? 이를 인식하면 전능한 존재와 연결된다는 것을 알고 있는가? 잠재의식이 전능한 우주의 마음과 사람의 의식을 연결하는 하나의 연결 고리라는 점은, 사람의 의식이 생각을 제안하고 이를 잠재의식이 행동으로 옮긴다는 사실의 근거가 된다. 잠재의식은 우주의 마음과 하나이므로 그 활동에 제한이 없다.

23 이 원리를 과학적으로 이해하면 기도의 힘을 통해 얻을 수 있는 놀라운 결과에 관해 설명 가능하다. 이렇게 얻어지는 결과는 어떤 특별한 섭리 때문에 얻어지는 것이 아니라, 반대로 완벽한

자연법칙이 작동한 결과이다. 그러므로 이에 대해 종교적이거나 신비주의적인 점은 없다.

24 잘못된 생각이 실패를 낳는다는 것은 분명하지만 그 이전에 올바르게 생각하는 훈련을 받을 준비가 돼 있어야 한다.

25 생각이 유일한 실체다. 상황은 단지 외부적으로 드러나는 현상일 뿐이다. 생각이 바뀌면, 겉으로 드러나는 모든 상황은 그것을 만든 창조자, 즉 생각에 맞추어서 바뀌어야 한다.

26 하지만 생각은 분명하고, 안정되고, 고정되고, 확실하고, 변하지 않아야 한다. 한 걸음 앞으로 나아가고 두 걸음 뒤로 물러설 순 없다. 1년 동안 부정적인 생각의 결과로 부정적인 상황을 쌓아놓곤 15-20분 동안 올바른 생각을 했다고 해서 그것들이 녹아 없어지리라고 기대할 수 없다.

27 삶을 근본적으로 바꾸기 위한 훈련을 하려면 신중하게 해야 한다. 깊게 생각하고 모든 것을 고려해야 한다. 그리고 난 후에는 어떤 것에도 결심이 흔들려서는 안 된다.

28 이러한 훈련과 생각의 변화, 정신적 태도는 당신이 풍요롭게 사는 데 필요한 부와 물질들을 가져다줄 뿐 아니라 건강을 지속하고 조화로운 상황들 속에서 살아가게 해줄 것이다.

29 삶에서 조화로운 상황들을 원한다면 조화로운 정신 태도를 키워야 한다.

30 이번에는 조화에 집중하라. 집중하라는 말의 의미는 그 말이 내포하는 모든 것을 생각하라는 뜻이다. 깊이 그리고 열심히 집중해서, 오직 조화로운 상태만 의식할 수 있게 하라. 기억하라. 우리는 실행을 통해 배운다. 이 가르침들을 읽기만 하는 것은 어떤 도움도 되지 않는다. 이 가르침의 가치는 그것을 실제로 적용하는 데 있다.

The Secret of Wealth and Sucess
MASTER KEY SYSTEM

CHAPTER 15

말에도
가치 있는 생각을 담아라

<u>01</u> 삶의 법칙들은 오로지 우리의 유익을 위해 제정된 것들이다. 이 법칙들은 불변하고 우리는 그 영향에서 벗어날 수 없다.

<u>02</u> 모든 위대하고 영원한 힘은 엄숙한 침묵 속에서 움직이지만 우리 자신을 그들과 조화롭게 배치하여 평화롭고 행복한 삶으로 나아가는 것은 우리에게 달렸다.

<u>03</u> 어려움, 부조화 및 장애물은 우리가 더 이상 필요하지 않은 것을 제공하기를 거부하거나 우리에게 필요한 것을 받아들이지 않고 있다는 것을 의미한다.

<u>04</u> 우리가 가진 것에 집착한다면 부족한 것을 얻을 수 없다. 우리가 어떤 것을 왜 끌어당기는지 알게 되면, 조건을 의식적으로

다스릴 수 있다. 각각의 경험에서 다음 성장을 위해 필요한 것들을 뽑아낼 수 있는 것이다. 이러한 능력에 따라서 조화로운 삶이나 행복의 정도가 결정된다.

05 성장에 필요한 것만 취하는 능력은 우리가 더 높은 차원에 도달하고 방대한 비전을 가지게 될수록 계발된다. 필요한 것을 더 확실히 찾아내고, 끌어당기며, 흡수할 수 있게 된다.

06 우리에게 오는 모든 조건과 경험들은 우리의 유익을 위한 것이다. 어려움과 장애물은 우리가 그것들로부터 지혜와 앞으로의 성장을 위해 필수적인 것들을 배워 흡수하게 되면 그칠 것이다.

07 뿌린 대로 거둔다는 속담은 수학적으로 맞는 말이다. 우리는 어려움을 극복하는 데 기울인 노력에 정확히 비례해서 강해진다.

08 성장의 필수조건은, 우리와 완벽하게 조화를 이루는 것을 끌어당기기 위해 최대한 노력해야 한다는 것이다. 우리는 자연법칙을 이해하고 이 법칙에 의식적으로 협력할 때 가장 행복할 수 있다.

09 생각이 생명력을 가지려면 사랑이 깃들어 있어야 한다. 사랑은 감정의 산물이므로, 지성과 이성으로 다스려야 한다.

10 생각이 첫 번째로 형태를 띠는 것은 언어, 곧 말이다. 이것이 말이 중요한 이유이다. 생각이 처음으로 표현되는 것이고, 생각이 담기는 그릇이다. 말은 공기를 잡아서 움직여서 소리의 형태로 생각을 다른 이들에게 전달한다.

11 생각은 어떤 종류의 행동이라도 끌어낼 수 있지만, 어떤 행동이건 간에 단지 생각이 눈에 보이는 형태로 표현되는 것에 불과하다. 그러므로 바람직한 상황을 원한다면 바람직한 생각만을 해야 한다는 것은 자명한 사실이다.

12 그러므로 삶을 통해 풍요를 드러내길 원한다면 풍요에 대해서만 생각해야 한다는 불가피한 결론에 도달하게 된다. 말은 생각이 형태를 띠는 것에 불과하므로, 건설적이고 조화로운 언어만을 사용하도록 특히 주의해야 한다. 이런 노력은 형태를 띠고 외부로 드러나게 될 때 우리에게 유리하게 작용하게 될 것이다.

13 우리는 끊임없이 마음속으로 찍어대는 사진들에서 벗어날 수

없으며, 이런 잘못된 개념의 사진들은 우리가 행복과 조화를 이루지 않는 언어를 사용할 때 생겨난다.

14 생각이 명확해지고 고차원적으로 될수록 우리는 더 많은 생명력을 드러낸다. 명확하게 정의된 언어, 저차원적 개념이 없어진 언어를 사용할수록 더 쉽게 이 수준에 도달할 수 있다.

15 생각을 표현하는 도구는 언어이다. 만일 더 높은 차원의 진리를 사용하려 한다면, 이러한 목적을 염두에 두고 신중하고 지혜롭게 선별된 재료를 사용해야 한다.

16 말로써 생각에 옷을 입히는 것은 인간과 다른 동물들을 구분하는 놀라운 능력이다. 글을 사용함으로써 인간은 지난 여러 세기를 돌아보고 현재 상황에 이르게 한 특별한 역사적 사건들을 볼 수 있었다.

17 역사상 가장 위대한 작가와 사상가도 만날 수 있었다. 오늘날 우리가 가지고 있는 모든 기록은 인간의 정신 속에서 형성된 보편적 사상들의 표현이다.

18 보편적 정신이 그 목적에 맞는 형태를 창조하려고 하는 것처럼, 개인의 생각도 스스로를 형태로 표현하려고 한다. 말은 생각이 형태를 띤 것이고, 문장은 형태들의 조합이다. 이상을 아름답고 견고한 형태로 실현하고자 한다면 이 '성전'을 지을 말들이 정확하게 조합되어야 한다. 문명사회에서 말과 문장은 최고의 건축술인 동시에 성공으로 가는 통행증이기 때문이다.

19 말은 생각이고, 보이지 않는 무적의 힘이며, 마침내 형태를 갖추고 자신을 객관화할 것이다.

20 말은 영원히 거주할 정신적 장소가 될 수도, 약간의 바람으로도 날아가 버릴 판잣집이 될 수도 있다. 말은 귀뿐만 아니라 눈도 즐겁게 할 수 있으며, 모든 지식을 담는 그릇이어서 말속에서 우리는 과거의 역사와 미래의 희망을 찾는다. 말은 모든 인간적인, 그리고 초인적인 활동이 시작되는 살아 있는 메신저의 역할을 한다.

21 말의 아름다움은 생각의 아름다움에 달려 있다. 말의 힘은 생각의 힘에 있고, 생각의 힘은 생명력에 기반한다. 어떻게 하면 그 힘을 얻을 수 있는가? 생각에 원칙이 있어야 한다.

22 이것이 참인지 어떻게 알 수 있을까? 우리가 수학의 원리를 올바르게 적용한다면 결과를 확신할 수 있을 것이기 때문이다. 건강이 있는 곳에 질병은 없다. 진리를 안다면 거짓에 속아 넘어가지 않을 것이다. 빛을 비추면 어둠이 없을 것이고, 풍요로운 곳에 가난이 있을 수 없다.

23 이것들은 자명한 사실들이다. 원칙을 담고 있는 생각은 생명력이 있으며 그렇기에 뿌리를 내리고, 마침내 태생적으로 생명력이라고는 없는 부정적인 생각을 확실히 제거해 버린다. 이 가장 중요한 진리는 간과됐던 것 같다.

24 하지만 이 사실 덕분에 모든 부조화, 결핍, 한계를 타파할 수 있다.

25 '지혜가 있어서 깨닫는' 사람은 생각의 창조력을 무기로 하여 운명을 다스릴 힘을 얻을 수 있다는 사실을 알게 될 것이다.

26 물질 세계에는 "한 곳에 일정량의 에너지가 나타나면, 다른 곳에서는 같은 양의 에너지가 사라진다"고 하는 보상의 법칙이 있다. 그러므로 우리는 주는 만큼만 받을 수 있다. 우리가 어떤 행

동을 하기로 마음먹으면 그 행동이 불러올 파장에 대해서도 책임질 준비를 해야 한다. 잠재의식은 판단하지 못한다. 우리가 말하는 대로 받아들일 뿐이다. 무언가를 구했다면 받을 것이다. 이부자리를 정리했다면 거기에 누울 것이다. 주사위는 던져졌다. 실타래는 우리가 짜놓은 패턴대로 움직일 것이다.

27 그렇기에 우리는 통찰력을 발휘해서 삶 속에서 경험하고 싶지 않은 정신적, 도덕적, 신체적 세균들이 생각을 오염시키지 않도록 해야 한다.

28 통찰력은 정신의 능력으로, 망원경처럼 원거리에서 사실과 상황들을 살펴볼 수 있게 해준다. 통찰력을 통해 모든 일에 있어서 가능성뿐 아니라 어려움도 이해할 수 있게 된다.

29 통찰력은 우리가 맞닥뜨리는 장애물에 대비하도록 해준다. 어려움이 닥치기 전에 그것을 먼저 극복할 수 있게 되는 것이다.

30 통찰력으로 인해 우리는 유리한 쪽으로 계획을 세울 수 있고, 아무런 결과도 내지 못하는 쪽이 아닌 올바른 방향으로 생각과 주의를 기울일 수 있게 된다.

31 위대한 성취를 이루기 위해 반드시 필요한 것이 통찰력이다. 통찰력이 있으면 우리는 어떤 정신적 영역이라도 탐험하고 정복할 수 있다.

32 통찰력은 내면 세계의 산물이며 침묵, 즉 깊은 집중을 통해 계발된다.

33 통찰력에 집중해보라. 생각의 창조력을 이해한다고 해서 생각의 기술을 터득하는 것은 아니라는 사실에 집중하라. 생각은 저절로 적용되지 않는다. 우리의 행동은 지식이 아닌 관습과 습관에 지배당한다. 지식을 적용하는 유일한 방법은 결단력과 의식적인 노력을 통해서다. 사용하지 않는 지식은 정신에서 사라지고 만다는 것, 정보의 가치는 그것을 실생활에 적용하는 데 있다는 것을 명심하라. 통찰력을 통해 이 모든 것을 적용시킨 계획을 세울 수 있을 때까지 계속 훈련하라.

The Secret of Wealth and Sucess
MASTER KEY SYSTEM

CHAPTER 16

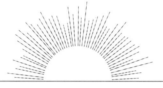

생각을 다스리는 것이
운명을 다스리는 것이다

01 부는 노동의 산물이다. 자본은 원인이 아니라 결과이고 주인이
아닌 종이다. 목적이 아니라 수단이다.

02 부에 대한 가장 일반적인 정의는 그것이 교환 가치를 지닌 모든
유용하고 만족스러운 것을 가져온다는 것이다. 이것이 부의 특
징이자 가치다.

03 부가 행복에 이바지하는 바가 크지 않다는 점을 고려할 때, 부
의 진정한 가치는 유용성이 아니라 교환 가치에 있음을 알 수
있다.

04 이 교환 가치는 우리의 이상이 실현될 수 있는 조건들을 확보하
는 매개가 된다.

05 그러므로 부는 결코 목적이 아니라 더 큰 목적을 달성하기 위한 수단으로 쓰여야 한다. 성공은 부를 축적하는 것보다 더 높은 이상에 있는 것이다. 그러한 성공을 갈망하는 사람은 자신이 기꺼이 노력을 쏟을 가치가 있는 이상을 형성해야 한다.

06 그런 이상을 마음에 품으면 방법과 수단이 떠오를 것이다. 하지만 목적과 수단을 혼동하는 실수를 저질러서는 안 된다. 분명하고 흔들리지 않는 목적, 즉 이상이 있어야 한다.

07 프렌티스 멀포드는 "성공한 사람은 가장 위대한 영적 이해에 도달한 사람이며, 세상의 모든 부는 영적인 힘에서 나온다"고 말했다. 불행하게도, 이 힘을 인식하지 못하는 사람들이 있다. 그들은 앤드류 카네기의 가족이 미국에 처음 도착했을 때 그의 어머니가 가족을 부양해야 했다는 사실, 에드워드 해리먼의 아버지는 연봉이 200달러에 불과한 가난한 성직자였다는 사실, 토머스 립톤 경은 단 1실링으로 사업을 시작했다는 사실을 기억하지 못한다. 이들은 의지할 수 있는 다른 힘이 없었지만 그것이 그들을 실망시키지는 않았다.

08 창조력은 전적으로 영적 능력에 달려 있다. 여기에는 이상화,

시각화, 물질화의 세 가지 단계가 있다. 산업계의 수장들은 전적으로 이 능력에 의존한다. 에브리바디스 매거진의 기사에서, 스탠다드 오일을 운영하는 백만장자 헨리 플래글러는, 자신의 성공 비밀이 사물을 온전히 바라보는 능력에 있다고 말했다. 그가 기자와 나눈 대화에서 그가 가진 이상화, 집중, 시각화의 영적 능력이 드러난다.

<u>09</u> "실제로 모든 걸 시각화하셨나요? 눈을 감고도 기찻길을 볼 수 있나요? 달려가는 기차도요? 기적 소리도 들을 수 있습니까? 정말 그 정도까지 가능한가요?"

"그렇습니다."

"얼마나 명확하게요?"

"아주 명확하게요."

<u>10</u> 여기에서 우리는 법칙을 시각화하고, 원인과 결과를 알며, 생각이 반드시 행동에 선행하여 행동을 결정짓는다는 것을 알게 된다. 지혜로운 사람이라면 어떠한 조건도 임의로 생겨나지는 않으며, 경험은 질서정연하고 조화로운 사건들의 결과라는 사실을 깨닫게 될 것이다.

11 성공한 사업가는 이상주의자인 경우가 많지만 그것에 그치지
   않고 점점 더 기준을 높여 노력을 기울인다. 생각의 창조적 힘
   은 우리의 일상과 삶을 구성한다.

12 또한, 생각은 성장하는 삶에 맞춰 이미지를 만드는 재료다. 어떻
   게 사용하느냐가 그 존재를 결정한다. 다른 모든 것과 마찬가지
   로 그것을 인식하고 적절하게 사용할 줄 아는 능력이 필요하다.

13 시기에 맞지 않게 일찍 얻게 된 부는 굴욕과 재앙의 전조일 뿐
   이다. 우리는 스스로 번 것이 아니거나 받을 가치가 없는 것을
   소유할 수 없기 때문이다.

14 외부의 세계에서 마주하는 조건들은 끌어당김의 법칙에 의하
   여 우리가 내면의 세계에서 발견하는 조건과 일치하다. 그렇다
   면 내면의 세계에 무엇을 들여야 할지 어떻게 결정할 것인가?

15 감각이나 의식을 통해서 마음에 들어오는 것은 무엇이든 깊은
   인상을 줄 것이다. 이는 창조적 에너지의 패턴이 될 심상을 불
   러일으킬 것이다. 주로 환경, 우연, 과거의 사고 등 부정적 생각
   을 내면에 끌어들이기 전에는 신중히 분석해야 한다. 우리는 타

인의 생각, 외부의 조건과 환경에 상관없이 내면의 사고 과정을 통해 심상을 형성할 수 있다. 이 힘을 행사하여 우리는 자신의 운명, 몸, 마음, 영혼을 통제할 수 있다.

16 이 힘을 행사함으로써 우리는 우연의 손에서 우리의 운명을 빼앗아 의식적으로 우리가 원하는 경험으로 이끌 수 있다. 앞서 해온 분석을 살펴보면, 생각이 삶에 있어서 하나의 거대한 원인임이 분명히 드러난다.

17 따라서 생각을 다스리는 것은 상황, 조건, 환경, 운명을 다스리는 것이다.

18 생각을 어떻게 다스릴 것인가? 어떤 과정을 거쳐야 하는가? 생각한다는 것은 생각을 창조하는 것이다. 하지만 생각의 결과는 그 형태와 질, 활력에 달려 있다.

19 생각의 형태는 그 근원이 되는 심상에 따라 달라진다. 마음속에 얼마나 깊이 각인이 되었는지, 얼마나 집중하고 있는지, 얼마나 구체적이고 얼마나 선명한지, 심상이 얼마나 대담한지에 따라 달라진다.

20 생각의 질은 그 원료에 따라 달라지며, 정신을 구성하고 있는 재료에 따라 달라진다. 활력과 힘, 용기, 결단력과 같은 재료로 만들어진 생각은 이런 특질을 보이게 된다.

21 마지막으로 생각의 생명력은 생각을 품을 때의 감정에 좌우된다. 건설적인 생각은 생명력을 가진다. 그런 생각은 생명을 가지고, 성장하며 발전하고 커지고, 창조력을 얻는다. 완전하게 발전하는 데 필요한 모든 것을 끌어당기게 될 것이다.

22 파괴적인 생각은 그 속에 스스로를 소멸시키는 위력을 가지고 있다. 그런 생각은 필히 소멸로 향하는데, 죽어가는 과정에서 질병과 다른 모든 형태의 불화를 일으킨다.

23 우리는 이를 '악'이라고 부른다. 어떤 이들은 스스로 악을 야기해놓고 모든 것을 신의 탓으로 돌린다. 하지만 신은 보편적 정신이 평정의 상태에 있는 존재일 뿐이다.

24 그것은 좋지도 나쁘지도 않으며, 그저 존재할 뿐이다.

25 이를 형태로 다양화시키는 능력이 우리가 선악을 외부의 세계

로 드러내는 능력이다.

26 그러므로 선악은 실체가 아니다. 행동의 결과를 나타내기 위해
사용하는 말일 뿐이다. 그리고 이러한 행동은 다시 생각의 특성
에 의해 미리 결정된다.

27 생각이 건설적이고 조화롭다면 선이 나타나고, 파괴적이고 조
화에 어긋난다면 악이 나타난다.

28 지금과는 다른 환경을 시각화하고 싶다면 그에 대한 이상이 실
현될 때까지 마음에 품어라. 사람, 장소, 사물에 제한을 두지 말
라. 절대자 안에서는 문제가 되지 않는다. 계속해서 그리고 또
그리면 당신이 원하는 환경과 필요한 모든 것이 포함되어 나타
날 것이다. 적절한 때에, 적절한 장소에, 적절한 사람과 사물이
생겨날 것이다.

29 생각이 우리의 정신 상태를 좌우하고 정신 상태는 다시 능력과
정신력을 좌우한다는 것을 잘 알게 될 것이다. 능력이 향상되면
더 큰 성취를 이루게 되고 환경에 대한 통제력이 향상된다는 점
또한 알게 될 것이다.

30 모든 일은 '그냥 일어나는' 것처럼 보인다. 하지만 전적으로 자연 법칙에 따라 조화롭게 흘러가고 있다. 이에 대한 증명으로 당신의 삶에서 얻은 노력의 결과들을 비교해보라. 고귀한 이상에 이끌려 행동했을 때와 이기적이고 비열한 속셈을 품고 있었을 때를 비교해보면 명백히 알 수 있을 것이다. 원하는 것을 이루고 싶다면 그 소망을 시각화하고, 성공한 모습을 머릿속에 그려라. 이것이 성공의 방법이다. 과학적 방법을 통해서 그 소망이 외부적 삶으로 드러나게 할 것이다.

31 외부의 세계에 이미 존재하는 것들을 우리가 눈으로 볼 수 있듯이, 우리가 시각화하는 것은 이미 영적인 세계에 존재하며, 시각화를 통해 이상에 집중한다면 외부의 세계에 나타날 것이다. 시각화는 상상력의 한 형태이고 이 과정을 통해 정신에 인상을 각인시킨다. 개념이나 이상으로 형성되는데, 이것이 최고의 건축가인 보편적 정신이 미래를 엮는 설계도가 된다.

32 심리학자는 오직 하나의 감각, 즉 느낌의 감각에 치중하여 다른 모든 감각은 이 하나의 감각의 변형이라는 결론을 내렸다. 이것이 사실이라면 우리는 왜 감정이 힘의 원천인지, 왜 감정이 지성을 쉽게 압도하는지, 우리가 목표한 바를 그리는 생각에 왜

감정을 첨가해야 하는지 알게 될 것이다. 생각과 감정은 거부할 수 없는 조합이다.

33 물론 시각화는 의지에 의해 지시되어야 한다. 우리는 우리가 원하는 것을 정확히 시각화해야 하기 때문에 우리의 상상력이 그것을 벗어나 폭동을 일으키지 않도록 조심해야 한다. 상상력은 좋은 하인이지만 가난한 주인이며, 제대로 통제되지 않으면 사실의 근거나 기초가 전혀 없는 온갖 종류의 추측과 결론만이 남는다. 증명되지 않은 그럴싸한 의견은 분석적 검토 없이 받아들여지기 쉬우며 이는 정신적 혼란을 불러온다.

34 그러므로 우리는 과학적 사실로 알려진 심상만을 시각화해야 한다. 모든 생각을 탐구 분석하고 과학적으로 증명되지 않은 것에 대해서는 받아들이지 말라. 이렇게 하면 당신은 현실화 가능한 것만 실행하고 그에 쏟은 노력으로 성공을 거머쥘 것이다. 이것이 성공한 기업가들이 말하는 선경지명이다. 통찰력과 유사하며 모든 중요한 사업에서 성공을 거둘 수 있었던 비결 중 하나다.

<u>35</u> 조화와 행복은 의식의 상태이며 물질의 소유에 달려 있지 않다는 중요한 사실을 되새겨보아라. 물질은 올바른 정신 상태의 결과로 얻어지는 결과물이다. 그렇기에 우리가 물질적 소유를 얻기를 원한다면 먼저 원하는 결과를 얻기에 적합한 정신자세를 갖추어야 한다. 이는 우리의 영적 속성을 파악하고 만물의 근원인 보편적 정신과 하나를 이룰 때 얻어질 수 있다. 이를 깨달으면 우리는 삶을 영위하는 데 필요한 모든 것을 얻을 수 있다.

The Secret of Wealth and Sucess

MASTER KEY SYSTEM

CHAPTER 17

진정한 몰입으로
목표를 향해 나아가라

<u>01</u> 인간을 '모든 것을 다스리는' 만물의 영장이라고 할 때에 이 지배력은 정신에서 비롯한다. 생각은 그 바탕에 있는 원칙들을 통제한다. 최고의 원칙은 그 우월한 본질과 특성을 통해서 그와 접하는 모든 것, 상황, 측면, 관계를 결정짓는다.

<u>02</u> 정신력의 진동은 가장 섬세하고 그렇기에 존재하는 것 중 가장 강력하다. 정신력의 속성과 초월성을 알게 되면 육체적 힘에 치중되어 있던 중요도가 사라진다.

<u>03</u> 우리는 오감을 통해 세상을 바라보는 데 익숙하고 이 감각들을 통해서 의인화된 개념들이 생겨난다. 하지만 참된 개념은 영적 통찰력을 통해서만 얻어질 수 있다. 이 통찰력을 얻으려면 정신의 진동이 빨라져야 하고, 정신을 지속해서 한 방향에 집중해야

만 한다.

04 지속적인 집중이란 생각이 고르게, 끊기지 않고 흘러가는 것을 의미하며, 이는 꾸준하고 지속적이며 잘 정돈된 체계의 결과이다.

05 위대한 발견은 꾸준한 조사의 결과로 얻어진다. 수학의 대가가 되려면 몇 년간 집중해서 노력해야 하고, 최고의 과학이라 할 수 있는 정신과학은 고도의 집중으로만 밝혀낼 수 있다.

06 많은 이가 집중에 대해서 오해한다. 집중과 관련된 노력이나 활동이 있어야 한다고 생각하는 듯한데, 실은 정반대로 해야 옳다. 연기자의 위대함은 그가 마치 스스로의 존재를 잊은 것처럼 맡은 역할에 빠져들어 연기하고, 그 생생함으로 관객을 압도하는 데 있다. 여기에서 참된 집중에 관한 힌트를 얻을 수 있다. 생각에 깊은 관심을 두고 그 주제에 깊이 빠져들어서 다른 것은 의식도 하지 못할 정도가 되어야 한다. 이렇게 집중하면 집중하고 있는 대상의 본질에 대한 본능적 인식과 즉각적 통찰이 가능하게 된다.

07 모든 지식이 이런 집중의 결과로 얻어진다. 만물의 비밀도 이렇게 얻어진다. 이렇게 마음이 자석이 되어서 지적 욕망이 지식을 끌어당길 때, 그 지식이 당신의 것이 되는 것이다.

08 소망은 대부분 잠재의식 속에 있다. 의식적 소망은 그 대상이 곧바로 얻을 수 없는 것일 때 대체로 이루어지지 못한다. 잠재의식적 소망은 마음속에 잠자고 있는 능력을 깨우고, 어려운 문제들이 저절로 풀리는 듯 느껴지게 한다.

09 집중을 통해 잠재의식을 깨워서 원하는 방향으로 행동하게 하고 우리의 목적에 맞게 사용할 수 있다. 집중을 훈련하려면 몸과 정신을 다스릴 수 있어야 한다. 신체적이든 정신적이든 모든 의식을 제어해야 한다.

10 그러므로 영적 진리는 통제 요소다. 이것이 바로 당신이 제한된 성취 안에서도 성장할 수 있고, 당신이 생각의 양태를 인격과 의식으로 표현해낼 수 있는 지점으로 데려다줄 것이다.

11 집중은 단순히 생각하는 것이 아니라 생각을 실용적인 가치로 변환하는 과정이다. 보통사람은 집중의 개념과 의미에 대해 깊

이 들여다보지 않는다. 항상 '가지고 싶다'라는 외침은 있어도 '존재한다'는 외침은 결코 없다. 외치기만 할 뿐 그렇게 이룰 수 있는 방법은 찾지 않는 것이다. '추가할 사물'을 갖기 전에 먼저 그것이 있을 '왕국'을 찾아야 한다. 일시적인 열정은 가치가 없다. 무한한 자신감을 통해서만 목표를 이룰 수 있다.

12 이상이 너무 높아서 이루는 데 어려움을 겪기도 한다. 훈련되지 않은 날개로 날아오르려다가 땅으로 곤두박질치는 셈이다. 하지만 그렇다고 해서 다시 시도하지 않을 이유는 없다.

13 연약함은 정신적 성취를 막는 유일한 장애물이다. 연약함을 신체적 한계나 정신적 불확신의 탓으로 보고 다시 시도해보라. 반복을 통해서 쉽고 완벽해질 수 있다.

14 천문학자는 별에 집중하기에 그 비밀을 밝혀낸다. 지질학자는 땅의 구조에 집중하기에 지질학이 생겨났다. 인간은 삶의 문제들에 집중하고, 그 결과로 오늘날 방대하고 복잡한 사회 질서가 생겨났다.

15 모든 정신적 발견과 성취는 소망과 집중이 더해진 결과이다. 소

망은 가장 강력한 형태의 행동이다. 끈질기게 소망할수록 그 결과는 더 확실하게 나타난다. 소망을 가지고 집중하면 자연의 어떤 비밀도 캐낼 수 있다.

16 위대한 사상을 깨닫고, 위대한 사상에 걸맞은 위대한 감정을 경험하면, 고차원적인 것들의 가치를 이해하는 상태에 이르게 된다.

17 한순간이라도 진지하게 집중하고 무언가가 되거나 성취하고 싶다고 강하게 열망하면 몇 년간 천천히 마지못해 노력한 것보다 훨씬 더 앞서 나갈 수 있다. 이때 불신과 연약함, 무기력, 자기 비하라는 감옥의 문이 열리고, 이것을 극복했을 때의 기쁨을 알게 될 것이다.

18 진취성과 독창성은 꾸준하고 지속적인 정신적 노력을 통해 계발된다. 사업에서는 집중력과 결단력이 요구된다. 그렇게 함으로써 실질적인 통찰력과 빠른 결단력이 키워질 수 있다. 모든 사업에 있어서 정신적 요소는 주된 요소이고, 욕망은 그중에서도 지배적인 힘을 발휘한다. 모든 상업적 거래는 욕망이 외부적으로 드러난 것이다.

19 견고하고 실질적인 미덕의 대부분은 상업적인 거래에서 비롯된다. 정신이 차분해지고 효율적이 된다. 주요한 필요성은 정신을 강화시켜서 본능적으로 산만하고 변덕스러운 충동보다 우월해지고 그리하여 더 높은 자아와 낮은 자아 사이의 갈등에서 승리를 거두는 것이다.

20 우리는 모두 발전기와 같다. 하지만 발전기 자체는 아무것도 할 수 없다. 정신이 발전기를 가동해야 한다. 그럴 때 발전기가 쓸모 있게 되고 에너지를 분명하게 모을 수 있게 된다. 정신은 그 능력을 가늠할 수 없는 엔진과 같고, 생각은 무엇이든 이루어내는 능력이다. 그것은 모든 형태와 그 형태로 발생하는 모든 사건을 지배하고 창조한다. 육체적 에너지는 생각의 전능한 힘에 비하면 아무것도 아니다. 인간이 다른 모든 자연의 힘을 다스릴 수 있는 것은 생각 덕분이기 때문이다.

21 진동은 생각의 행동이다. 이 진동이 밖으로 뻗어나가서 만들고 짓는 데 필요한 재료를 끌어들인다. 생각의 능력에 대해서는 신비로운 것이 없다. 집중은 그 대상과 동일시되는 경지에 이르기까지 의식을 한곳에 집중한다는 것을 의미한다. 흡수된 음식물이 몸의 바탕을 이루듯이 신도 집중하고 있는 대상을 흡수해서

생명력을 주고 존재하게 한다.

22 중요한 일에 집중하면 직관력이 작동하기 시작하고 성공으로 이끌어 줄 정보의 도움을 받게 될 것이다.

23 직관은 경험이나 기억의 도움 없이 결론을 내린다. 종종 추론의 힘이 미치지 못하는 문제들을 해결하곤 한다. 직관은 종종 깜짝 놀랄 정도로 불시에 우리가 찾고 있던 진리를 직접적으로 드러내 보여주어서 그 진리가 마치 초월적 존재로부터 온 것처럼 보이기도 한다. 우리는 직관을 훈련하고 계발할 수 있다. 그러기 위해서는 먼저 직관을 인식하고 인정해야 한다. 직관이라는 손님이 찾아왔을 때 성대하게 맞아준다면 그는 다시 올 것이다. 다정하게 맞아줄수록 더 자주 방문할 것이다. 하지만 무시하고 마음을 쓰지 않는다면 덜 자주, 드문드문 오게 될 것이다.

24 직관은 보통 고요함 속에서 찾아온다. 위대한 사람들은 자주 혼자만의 시간을 갖는다. 바로 이때 인생의 큰 문제들을 해결하게 된다. 이런 이유로 능력이 되는 모든 사업가는 방해받지 않고 지낼 수 있는 개인 사무실을 가지고 있다. 그럴 여유가 되지 않는다고 해도, 최소한 하루에 몇 분 동안은 혼자 지낼 수 있는 장

소를 찾아서 성공을 이루기 위해 필요한 능력들을 계발할 수 있는 시간을 갖고 생각을 단련하라.

25 잠재의식은 근본적으로 전능하다는 것을 기억하라. 능력을 주면 잠재의식에서 한계란 없다. 성공의 정도는 소망의 속성에 따라 달라진다. 당신이 소망하는 것이 자연법칙, 즉 보편적 정신과 조화를 이룬다면, 마음이 자유로워지고 무한한 용기를 얻게 될 것이다.

26 장애물을 극복하고 승리를 쟁취할 때마다, 당신은 자신의 능력을 더 신뢰하게 되고 능력은 더욱 향상될 것이다. 당신의 힘은 마음가짐에 달려 있다. 성공의 마음가짐을 가지고 목표 앞에 흔들림이 없으면, 보이지 않는 영역으로부터 자신이 조용히 요구하는 것을 끌어당기게 될 것이다.

27 생각을 마음속에 간직하면 점점 구체화되어 눈에 보이는 형태로 나타난다. 목표를 분명히 하면 원인이 작동되는데, 이 원인은 보이지 않는 세계로 나가 당신의 목적을 이루는 데 필요한 물질을 찾아온다. 당신은 힘 그 자체보다는 힘의 상징을 좇고 있는지 모른다. 명예보다는 명성을, 부보다는 재산을, 봉사보다

는 지위를 좇고 있는지 모른다. 어떤 경우든 당신이 그것들을 차지하는 순간 재로 변해버리는 것을 보게 될 것이다.

28 때 이른 부나 지위는 유지될 수 없다. 그것이 노력해서 얻은 것이 아니기 때문이다. 우리는 준 것만 받을 수 있다. 주지 않고 얻으려 하는 사람들이 결국 맞닥뜨리게 되는 것은 보상의 법칙에 따라서 가차 없이 정확한 평형상태가 유지된다는 점이다.

29 사람들은 돈이나 다른 힘의 상징을 두고 경쟁해 왔다. 하지만 능력의 참된 근원을 알게 된 이상 이제 그 상징들은 무시할 수 있다. 은행 계좌에 돈이 많은 사람은 더는 주머니를 금덩이로 채우지 않을 것이다. 같은 이치로, 능력의 참된 근원을 찾은 사람은 더는 가식이나 허세에 관심을 두지 않는다.

30 생각은 보통 발전적 방향으로 외부를 향해 나아가지만, 내부로 돌이켜서 사물의 근본 이치, 사물의 중심, 사물의 영혼을 이해하려 할 수도 있다. 사물의 중심에 이르게 되면 이를 이해하고 조종하기가 비교적 쉬워진다.

31 이는 사물의 영혼이야말로 사물 그 자체이며, 생명력이고, 실체

이기 때문이다. 형태는 내면에서 일어나는 영혼의 활동이 외적으로 드러난 것뿐이다.

32 이번 장에서의 훈련을 위해, 여기에서 설명된 방법에 최대한 집중해보자. 목적과 관련된 어떤 의식적인 노력이나 활동도 배제하라. 긴장을 완전히 풀고, 결과에 대해 어떤 근심도 하지 말라. 능력이 쉼으로부터 온다는 것을 기억하라. 생각하는 대상에 완전히 집중하여, 그 대상과 완전히 하나가 되고 다른 것들은 의식하지 못하도록 하라.

33 두려움을 없애고 싶다면 용기에 집중하라.

34 결핍을 없애고 싶다면 풍요에 집중하라.

35 질병을 없애고 싶다면 건강에 집중하라.

36 마치 이상이 이미 현실이 된 것처럼 거기에 집중하라. 이것은 생명 원리로 필요한 관계를 안내하고, 지시하고, 불러올 원인을 작동시킬 것이다. 그렇게 하면 마침내 이상이 형태로 나타나리라.

The Secret of Wealth and Sucess
MASTER KEY SYSTEM

CHAPTER 18

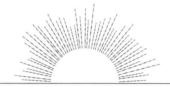

마음에 품은 만큼
성장할 수 있다

01 사람들의 생각에 변화가 있다. 이 변화는 우리 가운데서 점진
   적으로 일어나고 있으며, 이교도의 몰락 이후 세상이 겪은 어떤
   것보다 더 중요한 사건이다.

02 모든 계급의 사람들, 이를테면 교양 있고 격식 있는 사람들뿐
   만 아니라 노동 계급의 사람들까지 모든 사람의 생각이 변화하
   고 있다는 사실은 혁명과도 같으며 세계 역사에 유래가 없는
   일이다.

03 최근에 과학계는 크나큰 발견을 통해 무한한 자원이 있다는 사
   실을 증명해냈다. 형용할 수 없을 정도로 대단한 가능성과 의심
   할 여지 없는 힘을 세상에 공표했기 때문에 과학자들은 흑백논
   리로 어떤 이론을 확신하거나 반대로 불가능한 것이라고 부정

하기를 꺼리게 되었다.

04 새로운 문명이 탄생하고 있다. 관습과 사조, 선례가 사라지고 비전, 믿음, 봉사가 그 자리를 채우고 있다. 인류는 전통적 족쇄에서 벗어나고 있으며, 물질주의의 불순물이 씻겨 내려가는 동안 사상이 해방되고 진리가 사람들의 머리 위로 높이 솟아오르고 있다.

05 전 세계가 새로운 의식과 새로운 힘, 새로운 깨달음의 전야를 맞이하고 있다.

06 물리학은 물질을 분자로, 분자를 원자로, 원자를 에너지로 분해했다. 존 앰브로즈 플레밍 경은 왕립연구소 앞에서 이 에너지를 '정신'으로 분해할 수 있다고 공표했다. "에너지의 궁극적인 본질을 거슬러 올라가면, 우리가 정신 혹은 의지라고 부르는 것들의 직접적인 작용이라는 사실에 도달한다."

07 정신은 내재하는 최고의 것이다. 정신은 물질뿐 아니라 영에도 존재한다. 그것은 우주를 유지하고 에너지를 주며 모든 곳에 스며드는 영이다.

08 모든 생명체는 이 전능한 지능에 의해 유지되고, 개인의 삶에 차이가 나는 것은 이 지능의 정도가 다르기 때문이다. 우월한 지능 덕에 동물은 식물보다 고차원적 존재가 되고, 사람은 동물보다 고차원적 존재가 된다. 이 우월한 지능은 개인이 행동양식을 제어해서 의식적으로 자신의 환경에 적응할 수 있다는 점에서도 드러난다.

09 보편적 정신은 바로 이 적응과 질서를 형성하는 데 관심이 있다. 적응과 질서는 보편적 정신에 이미 존재하는 것들을 인식하고 반영한 것이기 때문이다. 이에 우리가 순응하는 것과 정확히 비례하여 우리에게 적용된다.

10 이 자연법칙을 인식하면 우리는 시공간을 초월할 수 있고, 하늘로 날아오를 수 있게 되며, 강철을 물에 뜨게 할 수도 있다. 지능이 우월할수록 이 자연법칙을 더 잘 인식하고 그를 통해 더 강한 능력을 얻는다.

11 우주의 보편적 정신이 개체화된 존재가 바로 우리 개인이라는 것을 인식하면, 아직 이러한 자아 인식의 단계에 이르지 못한 다른 개체들을 다스릴 수 있다. 그들은 이 지식이 만물에 스며

들어 있다는 것을 알지 못하며, 모든 요구에 반응해서 행동할 준비가 되어 있다는 것도 알지 못한다. 자기 자신이라는 존재에 함몰되어 있는 것이다.

12 생각은 개인이 보편적 정신과 또, 유한한 존재가 무한한 존재와 다시, 보이는 존재가 보이지 않는 존재와 소통하는 투명한 고리와 같다. 생각이라는 마술을 통해 인간은 생각하고, 배우고, 느끼고, 행동하는 존재가 된다.

13 망원경이라는 도구를 이용해서 멀리 떨어진 세계를 눈으로 발견하게 되었듯이, 올바른 깨달음 덕분에 인간은 모든 능력의 근원이 되는 보편적 정신과 소통할 수 있게 됐다.

14 일상에서 흔히 얻을 수 있는 깨달음은 비디오테이프 없는 VCR만큼이나 무가치하다. 사실 그것은 일종의 '믿음'에 지나지 않는다. 카니발 제도의 야만인들도 무언가를 믿기는 하지만 무슨 가치가 있는가?

15 가치 있는 유일한 믿음은 실험을 거쳐 사실로 입증된 믿음이다. 그때는 더는 믿음에 그치지 않고 살아 있는 신념 혹은 진리가

된다.

16 진리를 입증하고자 했을 때 그 진리가 얻은 타당성은 그들이 사용한 도구가 얼마나 유용했는가에 비례했다.

17 성능이 뛰어난 천체망원경 없이는 수백만 킬로미터 떨어진 별의 위치를 파악할 수 없다. 이 때문에 과학자들은 더 크고 정교한 망원경을 만들고자 끊임없이 노력하고 있다. 그 결과로 천체에 관한 새로운 지식을 얻고 있다.

18 깨달음에서도 마찬가지다. 사람들은 계속해서 보편적 정신과 소통하고 그 무한한 가능성에 닿으려는 방법들을 발전시키고 있다.

19 보편적 정신은 각각의 원자가 다른 원자를 끌어당기는 '끌어당김의 법칙'을 통해 세계에 스스로를 드러낸다.

20 끌어당김의 법칙을 통해 사물은 결합한다. 이 세상 만물에 적용되는 법칙이자 존재의 목적이 결과를 달성하는 유일한 방법이기도 하다.

22 성장은 이 보편적 원리를 잘 사용할 때 가장 아름답게 실현된다.

23 성장하기 위해 우리는 성장에 필수적인 것들을 얻어야 한다. 우리는 완전한 생각의 실체이고, 이 완전성은 우리가 주는 것만 받을 수 있게 한다. 성장은 상호작용에 달려 있으며, 우리가 내면에 품고 있는 것들과 같은 것만 발견하고 얻을 수 있다.

24 그러므로 풍요의 생각이 비슷한 생각에만 반응하며, 개인의 부는 그의 내면의 상태를 드러냄이 분명하다. 내면의 풍요는 외적 풍요를 끌어들이는 비결이다. 생산하는 능력이 부의 참된 원천이다. 이런 이유로 일에 마음을 쏟는 사람은 반드시 무한한 성공을 이루게 되어 있다. 그는 끊임없이 줄 것이며, 주면 줄수록 더 많이 받게 될 것이다.

25 월 스트리트의 거대 자본가, 기업의 수장, 정치인, 대기업 변호사, 발명가, 의사, 저자. 생각의 힘을 제외하면 이들이 인류의 행복에 이바지한 것이 무엇이 있겠는가?

26 생각은 끌어당김의 법칙을 작동시키는 에너지이고, 이는 결국

풍요로움으로 나타난다.

27 보편적 정신은 정적인 정신이며 평형상태의 원료이다. 이는 우리의 사고력에 의해 다양한 형태로 나타난다. 생각은 정신의 역동적 단계다.

28 능력은 능력을 의식하는가에 좌우된다. 능력을 사용하지 않으면 잃어버리게 되고, 능력을 의식하지 않으면 사용할 수 없다.

29 능력의 사용은 주의력에 달려 있다. 얼마나 집중하는가에 따라 지식을 얻을 수 있는 정도가 달라지는데, 지식은 능력의 또 다른 이름이다.

30 주의력은 천재를 구분 짓는 특성이라고 여겨져 왔다. 집중력을 기르기 위해서는 훈련이 필요하다.

31 관심이 클수록 주의력이 커진다. 관심이 많을수록 반응과 행동이 커진다. 반대로, 주의력을 기울이면 오래지 않아 당신은 관심을 불러일으킬 것이다. 작용과 반작용의 관계처럼 이 주의력은 더 많은 관심을 끌 것이고, 이 관심은 더 큰 주의력을 불러일

으킬 것이다. 이 관계성을 인지하고 연습한다면 목표에 더 집중할 수 있다.

32 창조력에 집중해보라. 당신 안에 있는 믿음에 대한 논리적인 근거를 발견하고 통찰해보라. 육체를 지고 있는 인간이 모든 생명체를 유지하는 공기 속에서 살고, 움직이며, 숨을 쉬고 있다는 사실을 깊이 생각해보라. 영을 간직한 인간이 그와 비슷하지만 더 미묘한, 생명의 근원이 전해오는 에너지 속에서 살고, 움직이고, 숨을 쉬고 있다는 사실도 깊이 생각해보라. 물질 세계에서는 씨앗이 뿌려지기 전에 열매를 맺을 수 없으며, 그 어떤 열매도 모체보다 나을 수 없다. 마찬가지로 영적 세계에서도 씨앗을 뿌리기 전에는 열매를 맺을 수 없고, 그 씨앗의 속성에 따라 열매가 달라진다. 당신이 얻게 될 결과는 이 법칙을 이해하는가에 달렸다.

The Secret of Wealth and Sucess
MASTER KEY SYSTEM

CHAPTER 19

승자는
길들여진 생각을 뒤바꾼다

01 진리에 대한 탐구는 더 이상 우연한 모험이 아니라 논리적이고 체계적인 과정이다. 모든 결정을 내리기 전에는 모든 경험을 고려해야 한다.

02 진리를 추구할 때 우리는 그 본질을 찾는 것이다. 인간의 모든 경험이 결과이기에 우리가 그 원인을 확인할 수 있고, 그 원인이 우리가 의식적으로 통제할 수 있는 것이라는 사실을 안다면, 그 경험과 결과도 우리가 통제 가능한 것이리라.

03 그러면 우리의 경험은 더 이상 운명에 따라 결과가 바뀌는 축구가 되지 않을 것이다. 사람이 행운의 자녀는 아닐지라도 스스로의 운명과 행운을 선장이 배를 조종하거나 기관사가 기차를 운행하는 것처럼 쉽게 조종할 수 있을 것이다.

04 모든 사물은 동일한 원소로 분해될 수 있다. 서로 변환이 가능한 상태이기 때문에 항상 서로 관계를 유지해야 하고 대립해서는 안 된다.

05 물질 세계에는 수없이 많은 대립이 있고, 편의상 이들에게 고유의 이름을 붙여서 부른다. 모든 것에는 크기, 색상, 밝기, 쓰임새가 있다. 북극과 남극이 있고, 안과 밖이 있으며, 보이는 것과 보이지 않는 것이 있지만 이런 표현법은 극단의 것들을 대립시켜 보여줄 뿐이다.

06 이것들은 한 대상을 둘로 나눈 부분에 각각 붙은 이름이다. 두 극단은 그것들은 별개의 실체가 아니라 전체의 두 부분 혹은 두 측면이다.

07 정신 세계에서도 같은 법칙을 찾아볼 수 있다. 우리는 지식과 무지에 관해서 이야기하곤 하지만, 무지는 지식이 부족한 상태일 뿐이고 따라서 지식이 부재한 상태를 표현하는 용어일 뿐이다. 그 자체는 아무 원칙도 없다.

08 도덕의 세계에서도 같은 법칙을 찾아볼 수 있다. 우리는 선과

악에 관해서 이야기한다. 하지만 선이 손에 잡히는 현실이라고 할 때 악은 선의 부재, 곧 반대되는 상태일 뿐이다. 악은 가끔 매우 현실적인 상태로 생각되기도 하지만, 그 자체로는 아무런 원칙도, 활력도, 생명력도 없다. 악은 언제나 선에 의해 파괴될 수 있다. 진리가 오류를 파괴하고 빛이 어둠을 파괴하듯, 선이 나타나면 악은 사라진다. 그러므로 도덕의 세계에는 하나의 원칙만이 존재한다고 할 수 있다.

09 영적인 세계에서도 정확히 동일한 법칙이 적용된다. 우리는 정신과 물질이 두 개의 분리된 개체인 양 이야기하지만 좀 더 명확히 살펴보면 여기에는 하나의 작동 원리만이 존재하며 그것은 정신이라는 것을 알게 된다.

10 정신은 실제하는 것이며 영원하다. 물질은 끊임없이 변화한다. 영겁의 시간에서 백 년은 하루와 같다. 우리가 대도시 한가운데에 서서 수없이 많은 크고 웅장한 빌딩과 다양한 현대식 자동차들, 핸드폰, 전깃불 그리고 다른 현대 문명의 이기들을 가만히 바라보고 있노라면, 그들 중 어떤 것도 백 년 전에 그곳에 존재했던 것은 없다는 것을 알게 된다. 그리고 백 년 후에 같은 자리에 섰을 때, 아마도 거기에 남아 있는 것은 거의 없을 것이다.

11 동물의 세계에서도 같은 변화의 법칙을 발견할 수 있다. 수백만 마리의 동물들이 수년의 생명을 주기로 태어났다 죽는다. 식물의 세계에서는 변화가 더 빨리 일어난다. 많은 식물과 거의 모든 종류의 풀들이 한 해를 주기로 왔다가 간다. 무기물의 세계를 보게 되면, 더 견고한 무언가를 찾으리라 기대하지만 겉으로 보기에 단단해 보이는 땅을 보고 있노라면 그것이 바다로부터 솟아올랐다는 사실을 알게 된다. 거대한 산을 보고 있노라면 그것이 서 있는 자리가 한때는 호수였다는 사실을 알게 된다. 요세미티 계곡의 험난한 절벽 앞에서 경이로움을 느끼며 서 있을 때도, 눈앞에 있는 모든 것들을 움직였던 빙하의 흔적을 어렵지 않게 찾을 수 있다.

12 우리는 끊임없는 변화 속에 살고 있다. 그리고 이 변화가 보편적 정신이 진화하는 현상일 뿐임을 알고 있다. 만물이 끊임없이 재창조되는 웅대한 과정 말이다. 물질은 정신이 형태로 드러난 것일 뿐이고, 따라서 하나의 현상일 뿐임을 알고 있다. 물질에는 원칙이 없다. 정신이 유일한 원칙이다.

13 이제 우리는 정신이 유일한 원칙이며, 육체적, 정신적, 도덕적, 영적 세계에서 작용함을 알게 되었다.

14 이 정신은 정지되어 있고, 휴식 상태에 있음을 안다. 개인의 사고력은 보편적 정신에 따라 행동하고 그것을 역동적 정신, 혹은 움직이는 정신으로 바꾸는 능력이라는 점도 안다.

15 이렇게 하기 위해서는 음식이라는 원료가 주입되어야 한다. 사람은 먹지 않고서는 생각하고 움직일 수 없다. 생각과 같은 영적인 활동이라 할지라도 물질적 수단을 활용하지 않고는 즐거움이나 이윤의 근원으로 바꿀 수 없다.

16 전기를 모아서 동력으로 바꾸려면 에너지가 필요하고, 식물의 생명을 유지하기 위해서는 햇살이 비쳐서 에너지를 공급해야 하듯이, 우리가 보편적 정신에 따라 생각하고 행동하기 위해서는 음식이라는 에너지가 필요하다.

17 생각이 지속적이고 영속적으로 형태를 취하며, 외부로 드러나길 원한다는 사실을 알고 있거나 모를지도 모르겠다. 하지만 변하지 않는 사실은, 당신이 능력 있고 건설적이며 긍정적인 생각을 한다면 당신의 건강과 사업, 환경의 상태에서 그대로 드러나게 되어 있다는 것이다. 만일 연약하고 비판적이며 파괴적이고 부정적인 생각을 주로 하고 있다면 당신의 몸에서 두려움, 걱

정, 긴장감으로, 재정 상태에서 결핍과 한계로, 주변 환경에서 불화로 드러날 것이다.

18 모든 부는 능력의 소산이다. 소유는 힘을 갖게 해줄 때만 가치가 있다. 사건은 힘에 영향을 미칠 때만 중요성을 지닌다. 모든 사물은 힘의 형태와 정도를 나타낸다.

19 증기, 전기, 화학적 친화성, 중력을 다스리는 법칙에서 볼 수 있듯이, 원인과 결과에 대한 지식 덕분에 인간은 담대하게 계획하고 두려움 없이 실행할 수 있게 되었다. 이러한 법칙은 물질 세계를 다스리기에 자연법칙이라 불린다. 하지만 모든 힘이 물리적 힘을 의미하지는 않는다. 정신적 힘도 있고, 도덕적, 영적 힘도 있다.

20 학교와 대학이 정신적 능력을 계발하는 마음의 발전소가 아니라면 무엇이겠는가?

21 거대한 기계를 움직이는 에너지를 얻을 발전소가 많이 있고, 여기에서 원자재가 모여서 생필품으로 만들어지듯이, 마음의 발전소도 원재료를 모으고 가꾸어서 자연의 모든 경이로운 힘보

다 훨씬 더 월등한 힘으로 발전시킨다.

22 전 세계에 널린 수천 개의 마음의 발전소에 모여서 다른 힘들을 제어하는 힘으로 발전되는 이 원재료는 무엇인가? 그것이 정적인 형태라면 정신이라 불리며, 동적인 형태라면 생각이라 불린다.

23 이 능력이 우월한 이유는 이것이 고차원적 영역에 존재하며, 이 능력으로 인해 인간이 자연의 놀라운 힘을 활용해서 수십만 명의 사람들이 할 일을 해낼 수 있는 법칙을 발견할 수 있었기 때문이다. 이 능력 덕분에 인간은 시공간의 한계를 없애고 중력의 법칙을 극복할 수 있는 법칙을 발견했다.

24 생각은 생명력 힘이자 발전소를 가동시키는 에너지와 같다. 생각으로 인해 지난 반세기 동안 세상은 전에는 상상할 수 없었던 성과를 이루어냈다. 50년 동안 마음의 발전소를 가동함으로써 그런 결과를 얻을 수 있었다면, 앞으로 다가올 50년 동안 이루지 못할 일은 무엇이겠는가?

25 만물이 창조되는 원료는 무한히 많다. 우리는 빛이 초당 약 30

만 킬로미터의 속도로 움직이고, 너무 멀리 있어서 그 빛이 우리에게 닿으려면 2천 년이나 걸리는 별도 있으며, 그런 별들이 우주에 수도 없이 많다는 것을 알고 있다. 또한 이 빛은 파장으로 오기에 이 파장이 타고 이동하는 대기가 연속적이지 않다면 빛이 우리에게 도달할 수 없음도 알고 있다. 그러기에 이 대기라는 원료이자 원재료는 온 우주에 존재한다는 결론에 이르게 된다.

26 그렇다면 이것은 어떻게 형태로 드러나게 되는가? 전기 과학에서, 배터리는 아연과 구리의 양극을 연결함으로써 만들어지며, 이때 전류가 한쪽에서 다른 쪽으로 흘러가게 되고, 에너지가 공급되게 된다. 이와 같은 과정은 극성을 가진 모든 것에서 반복될 수 있다. 모든 형태는 진동수와 그에 따른 원자들 간의 관계 때문에 좌우되므로, 우리가 외형을 바꾸고 싶다면 극성을 바꾸어야 한다. 이것이 인과관계의 법칙이다.

27 이번 장의 훈련을 위해 집중하라. 여기서 집중이라는 말의 의미는 그 단어 자체가 의미하는 모든 것을 말한다. 생각의 대상에 완전히 빠져들어서 다른 것은 의식하지 못하는 상태가 되어라. 그리고 하루에 몇 분씩 이를 반복하라. 몸에 영양분을 공급하기

위해 시간을 들여 먹듯이, 정신의 양식을 먹기 위해 시간을 들여보면 어떻겠는가?

28 외형은 믿을 수 없다는 사실을 깊이 생각하라. 지구는 평평하지 않으며 끊임없이 회전한다. 하늘은 둥근 돔이 아니며, 태양은 움직이지 않고, 별들은 작은 빛의 점이 아니며, 한때 고정적이라고 간주하던 물질은 끝없이 움직이는 상태에 있다.

29 빠르게 증가하고 있는, 불변의 원칙에 관한 지식에 생각과 행동 양식을 맞추어야 할 날이 빠르게 다가오고 있음을 깨달아라.

The Secret of Wealth and Sucess
MASTER KEY SYSTEM

CHAPTER 20

침묵 속에서
지혜가 빛난다

01 어떤 사물의 영혼은 사물 그 자체이다. 그것은 고정되어 있고, 불변하며, 영원하다. 당신의 영혼은 당신의 존재이다. 영혼이 없다면 당신은 아무것도 아니다. 당신이 영혼과 그 가능성을 인식할 때 영혼은 활동하게 된다.

02 기독교에서는 당신이 모든 부를 가졌더라도 그것을 알고 사용하지 않으면 가치가 없다고 말한다. 영적인 부도 마찬가지이다. 그것을 알고 사용하지 않으면 아무 가치가 없다. 영적인 능력을 결정하는 단 하나의 조건은 그것을 인식하고 사용하는 것이다.

03 인식할 때 모든 위대한 일들이 이루어질 수 있다. 최고의 능력은 의식이고, 생각은 그것을 전달하는 사자이며, 이 사자는 내

면의 세계에 존재하는 실상들을 끊임없이 외부의 세계의 조건과 환경으로 빚어내고 있다.

04 생각은 삶에서 진정으로 중요하다. 그 결과로 우리는 모든 능력을 얻는다. 당신은 끊임없이 생각과 의식의 신비로운 능력을 사용하고 있다. 당신이 다스릴 수 있는 능력에 대해 전혀 모르는 상태로 지낸다면 어떤 결과를 기대할 수 있겠는가?

05 이렇게 무지한 상태로 지낸다면, 당신은 스스로를 피상적 상태에 머무르게 하는 것이며, 생각하는 사람들, 즉 그 스스로의 능력을 아는 사람들에게는 짐이 될 것이다. 이들은 생각하지 않으면 일을 해야 한다는 것과 생각하지 않을수록 더 많이 일해야 하며 일에 대한 소득도 줄어든다는 것을 알고 있다.

06 능력을 얻는 비밀은 정신의 원칙과 힘, 방법, 조합들을 완벽하게 이해하고, 우리와 보편적 정신과의 관계를 완벽하게 이해하는 것이다. 이 원칙이 변할 수 없는 것이라는 점을 기억하라. 변한다면 믿을 수 없을 것이다. 모든 원칙은 변하지 않는 것이다.

07 이 안정성이 당신에게 기회가 된다. 당신은 보편적 정신의 속성

을 드러내고 그것이 활동하는 통로가 된다. 보편적 존재는 개인을 통해서만 활동할 수 있다.

08 우주의 본질이 당신 속에 있으며 당신 자신임을 깨닫기 시작할 때, 당신은 일하기 시작할 것이다. 당신의 능력을 느끼기 시작할 것이다. 그것은 연료가 되어 상상력에 불을 지핀다. 영감의 횃불을 밝힐 것이다. 생각에 생명력을 불어넣을 것이다. 우주의 보이지 않는 모든 힘과 연결해준다. 이 힘으로 인해, 당신은 담대하게 계획하고 능숙하게 실행할 수 있게 된다.

09 하지만 깨달음은 고요함 속에서만 찾아온다. 이는 모든 위대한 목표를 이루기 위한 조건이다. 당신은 시각화하는 존재이다. 상상력이 당신의 작업실이다. 여기에서 당신의 이상이 시각화된다.

10 이 능력에 대해 완벽히 이해하는 것이 그것을 현실화하는 데 가장 중요한 조건이므로, 이 방법 전체를 반복해서 마치 영상을 재생하듯 필요한 상황에서는 언제든지 사용할 수 있도록 하라. 전능한 보편적 정신으로부터 오는 영감이 필요할 때 언제나 얻을 방법을 알면 무한한 지혜가 따라온다.

11 이 내면의 세계를 발견하지 못하고 우리의 의식에서 제외할 수 있다. 하지만 그것은 여전히 모든 존재의 근원이자 진리다. 그리고 우리가 그것을 우리 자신뿐 아니라 모든 사람, 사건, 사물, 상황 속에서 발견할 때, 우리 '안'에 있다고 말하는 '천국'을 발견하게 될 것이다.

12 실패도 똑같은 원칙이 작용한 결과이다. 원칙은 변하지 않으며, 정확히 작용하고, 절대 벗어남이 없다. 결핍, 한계, 조화를 생각한다면 우리는 모든 면에서 그 열매를 보게 될 것이다. 가난, 불행, 질병을 생각한다면, 생각의 사자는 다른 생각의 경우와 마찬가지로 즉시 일을 실행할 것이고 결과는 확실할 것이다. 재앙이 다가올까 두려워한다면, 욥처럼 "내가 두려워하는 그것이 내게 임하였다"고 말할 것이다. 무정하고 무지하게 생각한다면 이 무지의 결과를 우리에게 끌어당기게 될 것이다.

13 생각의 힘을 잘 이해하고 올바르게 사용한다면 이제까지 꿈꿔온 최고의 효율과 효과를 내는 도구를 얻은 셈이다. 하지만 잘 이해하지 못하고 부적절하게 사용한다면, 그 결과는 우리가 이미 본 바와 같이 처참할 것이다. 이 능력 덕분에 당신은 불가능해 보이는 일도 자신감을 가지고 할 수 있다. 이 능력은 모든 영

감과 모든 천재성의 비결이기 때문이다.

14 영감을 얻는다는 것은 이제까지의 방식에서 벗어나고 틀에서 벗어난다는 것을 의미한다. 비범한 결과는 비범한 수단을 통해서 나오기 때문이다. 만물이 하나라는 사실과 모든 능력의 근원이 내면이라는 점을 알게 될 때 우리는 영감의 근원을 찾은 것이나 다름없다.

15 영감은 흡수의 기술, 곧 자아실현의 기술이다. 우리의 정신을 보편적 정신에 맞추는 기술이다. 모든 능력의 근원에 적절한 메커니즘을 부여하는 기술이다. 무형의 것을 유형의 것으로 바꾸는 기술이다. 무한한 지혜가 흘러가는 통로가 되는 기술이다. 완벽함을 시각화하는 기술이다. 전능자의 유일함을 깨닫는 기술이다.

16 무한한 능력이 어디에나 존재하며 그러기에 무한히 작은 것이나 무한히 큰 것 모두에게 이 능력이 있다는 사실을 이해하고 인정하면, 그 정수를 흡수할 수 있게 된다. 나아가 이 힘이 영이며 그렇기에 눈에 보이지 않는다는 사실을 알게 되면 그것이 언제나 모든 시점에 존재함을 느낄 수 있게 된다.

17 이러한 사실들을 처음에는 머리로, 다음에는 가슴으로 이해하게 되면 무한한 능력의 바다에서 자유롭게 유영할 수 있다. 머리로만 이해하는 것은 도움이 되지 않는다. 감정이 작용해야 한다. 감정 없는 생각은 차갑기 때문이다. 생각과 감정이 결합하여야 한다.

18 영감은 내면으로부터 온다. 고요함은 필수적이며, 감각을 가라앉히고, 근육을 이완시키며, 평정을 유지해야 한다. 이렇게 침착함과 힘을 느끼게 될 때, 목적을 이루는 데 필요한 정보나 영감, 혹은 지혜를 습득할 준비가 된 것이다.

19 이 방법을 예지력과 혼동하지 말라. 그 둘은 공통점이 없다. 영감은 받아들이는 기술이고 삶의 좋은 것들에 도움이 된다. 당신이 해야 할 것은 이 눈에 보이지 않는 힘이 당신에게 명령하고 지배하도록 내버려두지 말고, 그것을 이해하고 다스리는 일이다. 힘은 복종을 내포하고 영감은 힘을 내포한다. 영감의 방법을 이해하고 적용하는 것은 영웅이 되는 것과 같다.

20 우리는 숨을 쉴 때마다 더 풍요롭게 살 수 있다. 풍요를 얻으려는 의도를 가지고 의식적으로 숨을 쉰다면 말이다. 의도가 주의

력을 지배한다는 사실을 인지하는 것은 매우 중요한 조건이다. 이를 인지하지 못하고서는 나 또한 다른 사람이 확보하는 만큼만 확보할 수 있다.

21 공급을 늘리기 위해서는 수요가 늘어야 한다. 의식적으로 수요를 늘리면 공급은 따라서 늘어날 것이다. 그러면 당신은 점점 더 많은 생명과 에너지, 활력을 공급받게 될 것이다.

22 그 이유를 이해하기는 어렵지 않지만 이 중요한 삶의 신비를 이해하는 사람들은 많지 않은 듯하다. 이것을 이해하면 당신은 삶의 진리 중 하나를 발견하게 될 것이다.

23 "우리가 그를 힘입어 살며 기동하며 존재하느니라"라고 배웠다. '그'는 영이자 사랑이라고 배웠다. 따라서 우리가 숨을 쉴 때마다 우리는 이 생명과 사랑, 영을 숨 쉬는 것이다. 이것이 모든 생명체를 존재하게 하는 힘, 프라나 에너지 혹은 프라나 대기, 다시 말해 우주의 에너지이자 태양신경총의 생명 없이 우리는 한순간도 살 수 없다.

24 숨 쉴 때마다 우리의 폐를 공기를 채움과 동시에 우리의 몸을

생명 그 자체라 할 수 있는 이 프라나 에너지로 활력 있게 만든다. 그 결과 우리는 모든 생명과 모든 지능, 모든 원료와 의식적으로 연결될 기회를 얻는다.

25 당신이 우주를 다스리는 이 원칙과 관계를 맺고 있으며 하나라는 사실을 알고, 의식적으로 우주와 일체감을 가질 수 있는 간단한 방법을 알면, 질병과 결핍, 한계로부터 자유로워질 수 있는 법칙을 과학적으로 이해하는 것이다. 실제로 이를 통해 '생명의 숨'을 쉴 수 있게 된다.

26 이 '생명의 숨'은 초의식적인 실체이다. 이는 '나'의 정수이다. 이것은 순수한 존재이자 보편적 원료로, 우리가 그것과 의식적으로 하나가 될 때 발견하게 된다. 이때 창조적 힘에서 비롯한 능력을 발휘할 수 있다.

27 생각은 창조적인 진동이다. 이때 창조되는 조건의 질은 우리 생각의 질에 달려 있다. 우리가 소유하지 않은 능력을 바깥으로 표현할 수 없기 때문이다. 우리는 할 수 있기 전에 '존재'해야 하며, 우리가 가지고 있는 정도만 할 수 있다. 따라서 우리가 하는 일은 필연적으로 우리가 가지고 있는 것과 일치할 것이며, 우리

가 가지고 있는 것은 우리가 생각하고 있는 것에 달렸다.

28 당신이 생각할 때마다 당신은 그것을 일으킨 생각의 질에 따라
엄격하게 조건을 만들어낼 인과관계의 기차를 운행하기 시작한
다. 우주의 보편적 정신과 조화를 이루는 생각은 상응하는 조건
을 초래한다. 파괴적이거나 불일치하는 생각은 그에 상응하는
결과를 낳을 것이다. 생각을 건설적으로 또는 파괴적으로 사용
할 수 있지만 불변의 법칙은 한 종류의 생각을 심고 다른 종류의
열매를 거두는 것을 허용하지 않는다. 이 놀라운 창조적 힘을 마
음대로 사용할 수 있지만 그 결과는 감수해야 하는 것이다.

29 이것은 개인이 우주를 상대로 강요하고, 유한한 존재가 무한한
존재와 싸우려고 하는 것과 같다. 우리가 지속적으로 행복하려
면 우주의 보편적 정신과 의식적으로 협력해야 한다.

30 다음 연습을 위해 침묵 속으로 들어가서 "우리가 그를 힘입어
살며 기동하며 존재하느니라"는 문장이 과학적으로 정확하다
는 사실에 집중해보라. 그가 있기 때문에 당신이 존재한다는
것, 그는 어느 곳에나 있기 때문에 당신 안에도 있다는 것을 기
억하라. 그의 형상과 모양을 본떠 당신이 빚어졌으며, 한 부분

이 전체와 동일하듯 개인인 당신도 전체인 그와 같다는 것을 알아야 한다. 당신이 이것을 온전히 깨달을 때 당신은 생각의 창조적 힘의 비밀을 발견하게 될 것이고, 선악의 기원과 놀라운 집중력의 비밀을 알게 될 것이다. 물리적, 재정적, 환경적, 모든 문제의 해결에 대한 마스터키를 얻게 될 것이다.

The Secret of Wealth and Sucess

MASTER KEY SYSTEM

CHAPTER 21

소망에 대한
가장 완벽한 그림을 품어라

01 힘의 진정한 비밀은 그에 대한 의식에 있다. 보편적 정신은 조건을 초월한다. 우리가 이 정신과 더욱 가까워질수록 조건의 한계에 대해 덜 의식하게 된다. 조건으로부터 해방되고, 조건을 초월할 수 있다. 자유로워지는 것이다.

02 우리가 내면의 세계에 있는 무궁무진한 힘을 의식하자마자, 이 힘을 활용하여 가능성을 발견하고 발전시킬 수 있다.

03 모든 것의 근원인 무한한 존재는 하나이고 나눌 수 없다. 각 개인은 이 영원한 에너지가 지나가는 통로다. 우리의 생각은 이 무한한 존재의 생각과 일치하며, 그것이 외부의 세계에 사물로 드러나는 것이다.

04 이와 같은 발견과 그 결과는 기적이라고 할 만하다. 정신이 비범하고 무한한 가능성을 포함하고 있음을 의미한다. 이 힘을 의식하는 것은 살아 있는 '전기 회로'가 되는 것이다. 일반 전선을 충전된 전선과 접촉시키는 것과 같은 효과가 있다. 보편적 정신은 전기가 흐르는 거대한 활로와 같다. 우리 삶에서 일어날 수 있는 모든 상황에 대처할 만큼 충분할 능력이 있다. 개인이 내면의 세계를 통해 보편적 정신에 닿으면 필요한 모든 능력과 연결된다. 모든 과학이 이 세계의 실존을 인정하고 있으며, 모든 능력은 우리가 이 세계를 인식하는가에 달려 있다.

05 불완전한 상황을 제거하는 능력은 정신 활동에 달려 있으며, 정신 활동은 능력을 인식하느냐에 달려 있다. 그러므로 우리가 모든 능력의 근원과 하나가 됨을 인식할수록 상황을 제어하고 다스릴 능력도 향상된다.

06 큰 생각들은 작은 생각들을 없애는 경향이 있으므로 모든 작고 바람직하지 않은 경향들에 대항하거나 그것들을 파괴할 수 있을 만큼 큰 생각들을 간직하는 편이 좋다. 이로 인해 당신의 길에서 하찮고 성가신 방해물들을 치울 수 있게 된다. 또 당신은 더 큰 생각의 세계를 의식하게 되고, 그럼으로써 정신적 능력을

증가시키며, 가치 있는 것을 성취할 수 있는 지위에 다다르게
된다.

07 이것이 성공의 비결 가운데 하나이고, 승리를 이루어내는 방법
의 하나며, 위대한 인물의 업적 중 하나이다. 성공한 사람들은
모두 크게 생각한다. 정신의 창조적 에너지는 큰 문제를 다룰
때나 작은 문제를 다룰 때나 똑같이 어려움을 느낀다. 정신은
무한히 큰 것뿐만 아니라 무한히 작은 것에도 똑같이 존재한다.

08 정신에 관한 이런 사실을 알게 되면, 의식 속에 상응하는 조건
들을 만들어냄으로써 어떤 조건들을 일으킬 수 있다는 것을 이
해하게 된다. 왜냐하면 우리가 일정 시간 동안 간직하는 생각
들은 우리의 잠재의식 속에 각인되어, 창조의 힘이 우리의 삶과
환경 속에 파도처럼 밀려드는 패턴을 이루게 되기 때문이다.

09 이런 식으로 조건이 형성되면, 우리는 우리의 삶이 우리가 하는
주된 생각들, 즉 정신 태도가 반영된 것일 뿐이라는 것을 깨닫
게 된다. 그러므로 올바른 생각의 과학은 다른 모든 과학을 아
우르는 과학임을 알 수 있다.

10 이 과학을 통해서 우리는 모든 생각이 뇌에 각인되며, 이 각인된 내용이 정신적인 성향을 만들어내며, 이러한 성향이 성격, 능력과 목표를 만들어낸다는 것을 알게 되었다. 그리고 성격과 능력, 목표의 복합적으로 작용할 때 우리가 삶에서 겪는 경험들이 결정된다는 것을 알게 되었다.

11 이 경험들은 끌어당김의 법칙을 통해 우리에게 온다. 이 법칙의 작용으로 인해 우리는 외부의 세계에서 우리의 내면 세계와 상응하는 경험을 하게 되는 것이다.

12 우리가 주로 하는 생각, 즉 정신 태도는 자석과도 같고, 유유상종의 법칙이 작용한다. 따라서 우리의 정신 상태에 따라서 그에 상응하는 상황들이 오게 되어 있다.

13 이 정신 태도는 우리의 인격이며, 우리가 마음속에서 만든 생각들로 이루어진다. 그러므로 조건을 바꾸고 싶다면 생각을 바꾸기만 하면 된다. 이는 다시 정신 태도의 변화로 이어지고, 그로 인해 우리의 인격이 변할 것이며, 그로 인해 우리가 삶에서 맞닥뜨리는 사람, 일, 조건, 경험들이 달라질 것이다.

<u>14</u> 정신 태도를 바꾼다는 것은 쉬운 일이 아니지만, 끈질긴 노력을 통해 이뤄낼 수 있다. 정신 태도는 뇌에 찍힌 정신의 사진들을 따라 만들어진다. 이 사진들이 맘에 들지 않는다면, 필름을 폐기하고 새로운 사진을 만들면 된다. 이것이 시각화의 기술이다.

<u>15</u> 이렇게 하자마자 당신은 새로운 일들을 끌어당기게 될 것이며, 그 새로운 일들은 새로운 사진에 상응하는 것들일 것이다. 이를 위해서 마음속에 현실화하고자 하는 소망에 관한 완벽한 사진을 각인시켜라. 그리고 그것이 결과로 나타날 때까지 그 사진을 마음에 품고 있어라.

<u>16</u> 당신의 이 소망이 결단, 능력, 재능, 용기, 힘 혹은 다른 영적인 능력을 요구하는 것이라면, 이것들은 당신의 그림에 필수적인 요소들이니 채워보라. 그것들은 그림에 생명력을 주는 것들이다. 이들은 감정으로, 이 감정이 생각과 합해져서, 당신이 필요로 하는 것들을 당신에게로 가져오는 거부할 수 없는 자석 같은 힘을 만들어낸다. 이것들은 당신의 그림에 생명력을 주고, 생명은 성장을 의미하며, 자라기 시작하는 순간 그 결과는 실질적으로 보장된 것이나 다름없다.

17 시도하는 모든 일에 있어서 주저하지 말고 최고의 성취를 얻겠다는 포부를 가져라. 정신력은 가장 높은 열망을 행동과 성취, 사건으로 이루어내려는 결의에 찬 의지에 대해서 언제나 스스로를 내어줄 준비가 되어 있다. 정신력이 어떻게 작용하는지 알려면 습관이 형성되는 방법을 보면 된다. 우리가 어떤 일을 하고, 계속해서 반복하면, 그 일이 쉬워지고 거의 자동적으로 하게 된다.

나쁜 습관을 근절하는 데도 같은 법칙이 적용된다. 어떤 일을 그만두고 계속해서 피하면, 그것으로부터 완전히 자유로워지게 된다. 가끔 실패한다고 해서 희망을 잃어서는 안 된다. 왜냐하면 법칙은 절대적이고 실패하는 법이 없어서 모든 노력과 성공을 믿어주기 때문이다. 비록 우리의 노력과 성공이 꾸준하지 못한다고 해도 말이다.

18 이 법칙을 통해 당신이 할 수 있는 것에는 한계가 없다. 당신의 이상을 대담하게 믿어라. 대자연은 이상에 따라 변하는 것임을 기억하라. 이상을 이미 성취된 사실처럼 여겨라.

19 진정한 삶의 싸움은 생각의 싸움이다. 이는 소수와 다수의 싸움이다. 한쪽에는 전설적이고 창조적인 생각이 있고, 다른 한쪽에

는 파괴적이고 부정적인 생각이 있다. 창조적인 생각은 이상의 지배를 받고, 수동적인 생각은 외형의 지배를 받는다. 양쪽 모두에 과학자, 문인, 실무가들이 있다.

20 창조적인 쪽에 있는 사람들은, 실험실에서 현미경과 망원경을 들여다보면서 시간을 보내거나, 상업, 정치, 과학 세계를 장악하고 있는 사람들이다. 부정적인 쪽에 있는 사람들은, 법과 선례를 연구하고, 신학과 종교를 혼동하며, 힘을 정의로 착각하는 정치인이거나, 진보보다는 선례를 선호하는 수백만 명의 사람들이다. 이들은 언제나 앞보다는 뒤를 바라보며, 외부의 세계만을 볼 뿐 내면의 세계에 대해서는 전혀 알지 못한다.

21 세상을 살아가는 우리는 누구나 둘 중 한 곳을 선택해야 한다. 전진하거나 후퇴해야 한다. 모든 것이 움직이는 세상에서 잠잠히 서 있을 수는 없다. 잠잠히 서 있으려 할 때 임의적이고 불공평한 법칙을 허용하고 그것에 힘을 실어주게 된다.

22 우리가 과도기를 살고 있다는 사실은 곳곳에서 일어나고 있는 사건들을 보면 알 수 있다. 인류의 불만은 하늘을 울리는 천둥소리와 같다. 처음에는 낮고 위협적인 음조로 시작하지만, 점점

소리가 커져서, 그 소리가 구름과 구름 사이를 오가고 번개가 대지와 땅을 가를 정도가 된다.

23 산업과 정치, 종교 분야의 가장 발전한 전초기지를 지키는 보초들은 걱정스레 서로를 부르고 있다. 밤에는 어떠한가? 그들이 차지하고 있거나 차지하려 하는 자리는 매 순간 점점 더 위험하고 불안정해진다. 새 시대의 여명은 현재의 질서가 더는 유지될 수 없다고 선언한다.

24 사회 문제의 핵심이라 할 수 있는 낡은 체제와 새로운 체제 사이의 문제는 사람들이 세상의 본질에 대해 마음속에 확신하고 있는가에 전적으로 좌우된다. 그들이 각 사람의 내면에 우주의 영과 정신의 초월적 힘이 있다는 사실을 깨달으면, 소수의 특권보다는 다수의 자유와 권리를 생각하는 법을 만들어낼 수 있을 것이다.

25 사람들이 우주의 힘을 비현실적이고 인류와는 동떨어진 것이라고 여기는 한, 특권층이라 불리는 이들이 모든 사회적 반감에도 불구하고 신성한 권리를 이용해서 통치하기는 쉬울 것이다. 그러므로 민주주의의 진정한 관심은 인간 영혼의 신성함을 드

높이고 해방하고 인정하는 일이다. 모든 힘이 내면에 있음을 깨닫는 것이다. 자발적으로 양도된 권리가 아닌 이상, 어떤 사람도 다른 사람보다 더 많은 힘을 가지고 있지 않다는 것을 깨달아야 한다. 낡은 체제에서는 법이 법률 제정자보다 높은 위치에 있다고 믿도록 강요했다. 바로 이것이, 운명론적인 신탁주의의 특권과 불평등, 제도화가 일으킨 사회적 범죄의 핵심이다.

26 신은 보편적 정신이다. 그는 예외를 두지 않으며 편애하지도 않는다. 단순한 변덕이나 분노, 질투, 격분을 계기로 행하지 않는다. 아부하거나 회유하거나 동정이나 호소로 인간의 행복이나 생존에 필요하다고 여기는 것을 공급하게 할 수도 없다. 신은 누군가를 편애해서 예외를 두지 않는다. 하지만 누군가가 보편적 원리와 하나 됨을 이해하고 깨달았을 때, 그에게 특권이 주어진 것처럼 보일 것이다. 왜냐하면 그가 건강과 부, 능력의 근원을 발견했을 테니 말이다.

27 진리에 집중하라. 진리가 당신을 자유롭게 하리라는 사실, 다시 말해서 과학적으로 올바른 생각 방법과 법칙들을 제대로 이해한다면 당신의 성공에 방해될 수 있는 것은 영원토록 없으리라는 사실을 깨달아라. 당신의 환경을 통해 당신에게 내재하는 영

적 가능성을 실현하고 있다는 사실을 깨달아라. 침묵이야말로 가장 고차원적인 진리를 깨우고, 무한한 가능성을 열어준다는 사실을 깨달아라. 전능한 존재 자체는 절대적으로 고요하며, 다른 모든 것들은 변화하고 움직이며 한계가 있다는 점을 이해하도록 하라. 고요한 상태로 집중을 유지하면 놀라운 내면의 잠재력에 도달하고 그 힘을 깨우며 표출할 수 있다.

The Secret of Wealth and Sucess
MASTER KEY SYSTEM

CHAPTER 22

삶에 진동을 일으켜
변화시켜라

01 우리는 지식을 적용해서 원하는 미래를 이루어갈 수 있기에 지식은 측정할 수 없는 귀한 가치를 지닌다. 우리의 현재 성격과 환경, 능력, 신체적 조건이 과거의 사고방식의 산물이라는 사실을 깨달을 때, 지식이 얼마나 가치 있는 것인지 알 수 있게 된다.

02 현재 건강 상태가 만족스럽지 않다면 우리의 사고방식을 살펴보자. 모든 생각은 정신에 각인된다는 것을 기억하자. 각인된 모든 것은 씨앗처럼 잠재의식 속에 뿌리를 내려 하나의 경향을 형성한다. 이는 비슷한 다른 생각들을 끌어당기는 경향이며, 우리가 알지 못하는 새 추수할 곡식이 되어버린다.

03 우리의 생각들이 질병을 일으키는 세균을 포함한다면 질병, 부패, 연약함, 실패 등을 추수하게 될 것이다. 그러므로 문제는,

우리가 무슨 생각을 하고 있으며, 무엇을 만들어내고 있으며, 무엇을 추수하게 될 것인가 하는 것이다.

04 신체조건을 바꾸고 싶다면 시각화의 법칙이 효과적일 것이다. 완벽한 신체 조건을 머릿속에 그리고, 의식 속에 흡수될 때까지 마음속에 간직하라. 많은 사람이 이 방법을 통해 몇 주내에 만성 질환을 제거했고, 수많은 사람이 이 방법으로 며칠 내에, 혹은 몇 분 만에 온갖 흔한 신체적 장애를 극복하거나 완전히 없애기도 했다.

05 진동의 법칙을 통해 정신이 신체를 다스릴 수 있다. 모든 정신적 작용은 진동이다. 그리고 모든 외형은 움직임, 즉 진동이 일어나 형성되는 것이다. 진동이 일어나는 즉시, 몸의 모든 원자와 세포가 영향을 받는다. 그 진동수의 정도에 따라 부분적인 변화에서 전체적인 변화까지 이어질 수 있다.

06 세상의 모든 것은 진동수에 의해서 현재 상태에 이르게 되었다. 이 진동수를 바꾸면 속성과 특질, 외형이 바뀌게 된다. 자연의 거대한 파노라마는, 그것이 보이는 것이든 보이지 않는 것이든, 진동수의 변화로 끊임없이 변화하고 있다. 그리고 생각도 하나

의 진동이기에 우리는 이 능력을 사용할 수 있다. 이 진동을 바꾸어서 원하는 신체조건을 만들어 낼 수 있는 것이다.

07 우리는 모두 매 순간 이 능력을 사용하고 있다. 문제는, 우리 대부분은 이 능력을 무의식중에 사용하고 있으므로 바람직하지 못한 결과를 얻고 있다는 사실이다. 어떻게 이 능력을 지능적으로 사용해서 바람직한 결과를 얻을 수 있을까? 이는 어렵지 않다. 왜냐하면 우리는 모두 충분한 경험을 통해 어떤 것이 몸에 유쾌한 진동을 끌어내고, 어떤 것이 불쾌한 진동을 끌어내는지 알고 있기 때문이다.

08 우리의 경험을 되돌아보고 배우면 된다. 우리 생각이 고양되고, 진취적이며, 건설적이고, 대담하고, 고상하고, 친절하고, 어떤 면에서든지 바람직하다면, 그에 걸맞은 결과를 가져오는 진동을 작동시키게 된다. 우리 생각이 질투, 증오, 시기, 혐오처럼 온갖 불화의 형태로 가득 차 있다면, 앞선 경우와는 또 다른 속성을 지닌 결과를 가져올 진동이 작동된다. 그리고 각각의 진동수가 계속 유지된다면 외형으로 굳어지게 된다. 첫 번째 경우, 정신적, 도덕적, 신체적 건강이라는 결과로 나타날 것이고, 두 번째 경우에는 불화, 부조화, 질병 등의 결과로 나타나게 될 것

이다.

09 그렇다면 이제 마음이 신체에 대해서 발휘하는 힘을 이해할 수 있으리라.

10 어떤 사람이 말도 안 되는 농담을 해서 당신이 몸 전체를 흔들며 웃었다고 한다면, 이는 생각이 당신 몸의 근육을 제어한다는 사실을 보여준다. 어떤 사람이 동정심을 자극하는 이야기를 해서 당신의 눈에 눈물이 고였다면, 이는 생각이 당신 몸의 분비샘을 제어한다는 것을 보여준다. 어떤 사람이 당신을 화나게 하는 말을 해서 당신의 얼굴이 붉어졌다면, 이는 생각이 당신의 혈액순환을 제어한다는 사실을 보여준다. 하지만 이런 경험들은 당신의 객관적 의식이 신체에 영향을 미친 것으로 일시적인 상태이다. 이는 곧 사라질 것이며 이전의 상태로 돌아가게 된다.

11 잠재의식이 신체에 미치는 영향은 어떻게 다른지 살펴보자. 당신이 상처를 입었다고 하자. 수천 개의 세포가 곧바로 치유에 착수하고, 며칠 내, 혹은 몇 주 내에 작업은 완료된다. 뼈가 부러질 수도 있다. 지구상 어떤 의사도 부러진 뼈를 결합할 수는 없다. 부목이나 철심을 대어 고정하거나 대체하는 방법 외에는

없다. 의사가 뼈를 정렬해놓으면 그것을 결합하는 일은 잠재의식의 영역에서 이루어진다. 그리고 뼈는 이전의 형태와 비슷하게 돌아온다. 독을 삼키는 경우에도 잠재의식이 즉시 위험을 알아차리고 독을 제거하기 위해 맞서 싸우는 노력을 행할 것이다. 세균에 감염되는 경우도 마찬가지다.

12 잠재의식의 이와 같은 작용은 보통 우리가 깨닫지 못하거나 지시하지 못하는 새에 일어나고, 우리가 방해하지 않는 한 완벽한 결과를 만들어낸다. 하지만 동시에 수백만 개의 회복 세포가 모두 지능을 지니고 우리의 생각에 반응하므로, 우리가 공포나 의심, 불안의 생각을 가지게 되면 이 세포들은 마비되거나 기능을 하지 못한다. 이는 마치 중요한 작업에 착수할 준비를 한 일꾼들이 일을 시작하려 할 때마다 사건이 벌어져 의욕을 잃고 포기하게 되는 상황과 같다.

13 건강에 이르는 길은 진동의 법칙에 따라 좌우된다. 이 법칙은 모든 과학의 기반이고, 정신, 즉 내면의 세계에 의해 작동된다. 이는 개인의 노력과 훈련에 달려 있다. 우리의 능력은 내면 세계에 있으며, 현명한 사람이라면 외부의 세계에 드러나는 결과를 바꾸느라 시간과 노력을 낭비하지 않을 것이다. 그것들은 외

형이자 그림자일 뿐이기 때문이다.

14 언제나 원인은 내면에서 찾아야 한다. 원인을 바꿈으로써 결과를 바꿀 수 있다.

15 당신 몸의 모든 세포는 지능을 지니고 있으며 당신의 지시에 반응할 것이다. 이 세포들은 창조자이며 당신이 보여주는 패턴대로 창조할 것이다.

16 그러므로 잠재의식에 완벽한 심상이 떠오르게 되면, 창조적 에너지는 완벽한 신체를 만들어낼 것이다.

17 뇌세포도 같은 방식으로 구성된다. 뇌의 기질은 정신 상태, 즉 마음가짐의 지배를 받는다. 따라서 바람직하지 않은 마음가짐이 잠재의식에 전달되면, 그것들은 다시 신체로 전달될 것이다. 따라서 우리 몸이 건강하고 튼튼하며 활력이 넘치길 바란다면, 그런 생각을 주로 해야 한다는 것을 알 수 있다.

18 신체의 모든 요소는 진동수의 결과로 만들어진 것임을 알 수 있다.

<u>19</u> 정신작용은 곧 진동수다.

<u>20</u> 더 높은 진동수가 낮은 진동수를 다스리고, 제어하고, 변화시키
고, 파괴한다는 사실을 알고 있다.

<u>21</u> 마침내 우리는 진동수가 뇌세포의 특성에 지배받는다는 사실
을 알게 되었다.

<u>22</u> 이 뇌세포를 만들어내는 방법을 알고 있다.

<u>23</u> 우리는 우리가 원하는 신체 변화를 만들어내는 방법을 알고 있
다. 그리고 이 정도 수준의 정신 능력에 대한 실질적인 지식을
확보하였기에, 전능한 자연법칙과 조화를 이룰 수 있는 우리의
능력에는 한계가 거의 없다는 사실을 알게 되었다.

<u>24</u> 정신이 신체에 영향을 미치고 다스린다는 사실을 점점 더 많은
사람들이 인지하고 있으며, 의사들도 이 문제에 특별한 관심을
기울이고 있다. 이 주제에 관해 다수의 책을 집필한 앨버트 쇼
필드 박사는 이렇게 말한다. "심리치료라는 주제는 아직도 의
료계에서 흔히 간과되고 있다. 생리학에서는 몸을 이로운 방향

으로 지배하는 중심적인 힘에 대한 어떤 언급도 없으며, 정신이 몸을 지배한다는 점에 대해서도 언급된 바 없다."

25 물론 많은 의사가 기능이 문제가 되어 생기는 신경 질환들을 현명하게 진단하고 능숙하게 치료한다. 하지만 이들이 치료의 바탕으로 삼고 있는 지식은 책이나 이론으로 정형화되지 않은, 직관적이고 경험적인 것이라는 사실이 논점이다.

26 이것은 옳지 않은 현상이다. 심리치료의 힘은 모든 의학계에서 조심스레, 특별히, 그리고 과학적으로 가르쳐야 할 분야이다. 잘못 치료되었거나 치료가 필요한 부분에 대해서 더 자세히 살펴봄으로써 간과된 케이스들의 처참한 결과들을 보여줄 수도 있을 것이다. 하지만 이 임무는 다른 이의 심기를 건드릴 수도 있는 일이다.

27 자신이 스스로 할 수 있는 일이 얼마나 많은지 아는 환자는 거의 없다. 자신이 스스로 움직일 수 있는 힘은 아직 알려지지 않았다. 그것은 우리가 상상하는 것보다 훨씬 더 강력하고, 정신 치료를 통해 알려지기만 한다면 훨씬 더 많이 사용될 것이다. 정신 치료는 환자 자신이 기쁨, 희망, 믿음, 사랑의 감정을 불러

일으켜 마음속에 가득했던 부정적 감정을 해소하고 차분하게 만드는 방향으로 지시할 수 있다. 삶에 동기부여를 하고, 규칙적으로 마음을 훈련하고, 질병으로부터 생각의 방향을 돌리는 것을 돕는다.

28 이번 장에서의 훈련을 위해 앨프리드 테니슨의 아름다운 시구를 읽어보자. "그대여, 그에게 말하라, 그가 들을 것이니. 또 영은 영과 만날 수 있나니. 그는 숨결보다 가깝고, 손과 발보다 더 가까이 있나니." 그리고 '그에게 말할 때' 전능자와 가까이하게 된다는 점을 깨달아라.

29 이 유일한 능력을 깨닫고 인정하면 곧바로 질병과 고통을 파괴하고 조화와 완전함으로 대체하게 된다. 질병과 고통이 하나님으로부터 온다고 생각하는 이들도 있다. 그렇다면, 모든 의사와 의료계 종사자들은 하나님의 뜻을 거역하는 것이 되고, 병원과 요양소도 자비의 집이 아닌 반역의 공간이 되어 버릴 것이다. 물론 이것은 어리석은 논리임이 금방 드러날 테지만, 많은 이들이 이런 생각을 고수하고 있다.

30 그렇다면 최근까지만 해도 신학은 불가해한 창조주를 가르치

려 했다는 사실을 생각해보자. 죄를 지을 수 있는 능력이 있는 존재를 창조해놓고, 그런 죄로 인해 영원한 형벌에 처했다는 점 말이다. 물론 그런 엄청난 무지가 빚어낸 필연적인 결과는 사랑이 아닌 공포였다. 그 결과 2000년 동안 이런 식의 선동을 해온 신학계는 이제 기독교에 대해 바쁘게 변호하고 있다.

31 이제 당신은 자신이 하나님의 형상을 따라 만들어진 인간이라는 사실을 더 쉽게 인정할 수 있을 것이다. 또한 만물을 형성하고, 유지하며, 발생시키고, 창조해내는 근원이 되는 정신을 더 쉽게 인정할 수 있게 될 것이다. "모든 것은 거대한 전체 중 일부일 뿐이다. 자연은 그 몸이고, 하나님은 그 영혼이다." 통찰이 있으면 기회가 뒤따르고, 영감이 있으면 행동이 뒤따르며, 지식이 있으면 성장이 뒤따르고, 진보가 있으면 명성이 뒤따른다. 언제나 영적인 것이 선행하고, 그 뒤에 무한하고 제한할 수 없는 가능성으로 바뀌게 된다.

The Secret of Wealth and Sucess
MASTER KEY SYSTEM

CHAPTER 23

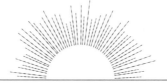

부에 대한
확신을 얻는 법

<u>01</u> 부에 대한 의식은 마음가짐과 같다. 상업의 동맥으로 통하는 열린 문과 같다. 욕망은 전류를 발생시키는 인력과 같다. 두려움은 이 전류의 흐름을 끊어놓거나 완전히 역전시키는 큰 장애물이다.

<u>02</u> 두려움은 부에 대한 의식과 정반대다. 곧 빈곤에 대한 의식이다. 끌어당김의 법칙은 변하지 않기 때문에 우리가 빈곤에 대한 의식을 외부로 전달하면 정확히 그것과 같은 것을 받게 된다. 우리가 두려워하면 두려워하는 것을 얻게 되는 것이다. 부는 우리 삶 전반에 스며들어 있다. 최고의 사상가들이 전하는 사상도 그것과 관련이 있다.

<u>03</u> 우리는 친구를 사귀어 그들을 돕고, 그들이 돈을 벌게 해주고,

그들을 위해 봉사함으로써 친구의 범위를 넓혀간다. 부와 성공을 얻는 첫 번째 방법은 성실하고 정의로운 봉사다. 아주 작은 부분이라도 정의롭지 못하다면 근본적인 법칙에 위배되어 부와 성공에서 멀어진다. 그는 자신이 올바르게 가고 있다고 생각할지 모르지만 반드시 패배할 운명이다. 무한한 존재를 속일 수 없다. 보상의 법칙은 눈에는 눈, 이에는 이를 요구하여 그는 대가를 치를 것이다.

04 인생의 기세는 변하는 것이다. 그것은 우리의 생각과 이상으로 만들어지며, 이것들이 다시 외형으로 드러난다. 우리가 해야 할 일은, 열린 마음을 가지고, 새로운 것을 향해 끊임없이 손을 내밀고, 기회를 인식하며, 목표보다는 경주 자체를 즐기는 것이다. 소유 자체보다는 그것을 추구하는 과정에서 즐거움을 느낄 수 있기 때문이다.

05 당신은 돈을 끌어당기는 자석이 될 수도 있지만, 그러기 위해서 우선 다른 이들을 위해서 돈을 벌 방법을 고민해 봐야 한다. 기회와 유리한 조건들을 감지하고 이용하며 가치를 알아보는 눈이 있다면 그것들을 이용할 수 있게 된다. 하지만 당신이 다른 이들을 도울 수 있을 때 가장 큰 성공이 찾아오게 된다. 한 사람

을 이롭게 하는 것은 모든 이를 이롭게 한다.

06 관대한 생각은 힘이 있고 생명력이 있지만 이기적인 생각은 파
멸을 내포한다. 그것은 분해되어 없어지게 된다. 막대한 부를
소유한 자산가들은 부를 분배하는 통로에 지나지 않는다. 막대
한 금액이 오고 가지만, 나가는 부를 막는 일은 들어오는 부를
막는 그것만큼이나 위험하다. 양쪽 끝이 모두 열려 있어야 한
다. 그리고 같은 이치로, 받는 것만큼이나 주는 것이 필수적임
을 깨달을 때 우리도 성공을 이루게 될 것이다.

07 우리가 모든 공급의 원천인 전능한 힘을 깨닫게 되면, 우리의
의식을 그 공급에 맞추어서 필요한 것을 끊임없이 끌어당기게
되고, 우리가 주면 줄수록 더 받게 된다는 사실을 알게 될 것이
다. 이런 점에서 주는 것은 봉사라 할 수 있다. 은행가는 돈을
주고, 상인은 상품을 주며, 작가는 생각을 주고, 노동자는 기술
을 준다. 누구나 줄 수 있는 것이 있다. 줄수록 더 받게 되고, 받
을수록 더 줄 수 있는 능력이 생긴다.

08 자본가들은 많이 베풀기 때문에 많이 번다. 그는 생각한다. 다
른 이들 자기 대신 생각을 하도록 놔두는 법은 거의 없다. 그는

결과를 확보할 방법을 알고 싶어 하고, 당신은 그에게 그 방법을 보여주어야 한다. 그렇게 할 수 있을 때, 그는 수백 혹은 수천 명이 이윤을 얻는 방법을 마 년 하게 될 것이고, 그들이 성공하는 만큼 비례해서 그 자신도 성공하게 릴 것이다. 모건, 록펠러, 카네기 등은 다른 이들을 위해 돈을 손해 봤기에 부자가 된 것이 아니라, 오히려 그 반대로, 다른 이들을 위해서 돈을 벌었기 때문에 지구상 가장 부유한 국가에서 가장 부유한 사람들이 된 것이다.

09 평범한 사람들은 깊이 생각하지 않는다. 그저 타인의 생각을 받아들이고 앵무새처럼 반복한다. 이는 여론을 조성하는 방법에서 쉽게 찾아볼 수 있다. 소수의 타인이 자신의 사고를 대신하도록 맡겨버리는 대중들의 순응적인 태도로 인해, 많은 국가에서 소수의 사람이 모든 권력을 독차지하고 수백만의 사람들을 지배하에 둘 수 있는 것이다. 창조적 생각은 주의력이 있어야 한다.

10 주의력은 집중력이라고도 불린다. 이 능력은 의지에 달려있다. 따라서 우리는 소망하는 것 이외에는 생각하거나 집중을 기울이지 말아야 한다. 많은 이들이 슬픔, 손실, 불화 등에 끊임없이 집중한다. 생각의 창조력으로 인해, 이런 것들에 집중하면 자연

히 더한 슬픔과 손실, 불화로 이어지게 된다. 그럴 수밖에 없지 않은가? 반면, 우리가 성공과 이득, 혹은 다른 바람직한 조건들을 맞게 되면, 자연스레 이들의 결과에 집중하게 되고 이로 인해 더 많은 그런 상황들을 만들어내게 된다. 따라서 많이 가지고 있으면 더 많이 생기게 된다는 결론에 다다른다.

11 영은 그것이 어떤 존재이든지 의식의 본질, 정신의 실체, 생각의 근간을 이루는 현실로 간주되어야 한다. 그리고 모든 자아가 의식, 정신 또는 생각의 활동의 단계를 따르기 때문에 영 안에서 그리고 그것 안에서만 궁극적인 사실, 실제 사물 또는 관념을 취해야 한다.

12 한 남자에 대한 이야기가 좋은 예시가 되어줄 것 같다. 그는 인생에서 여러 차례 성공을 거두었고 또 몇 차례의 실패도 맛보았다. 내가 마지막으로 그와 이야기를 나눴을 때 그는 이전의 사업 상태와 비교할 때 '우울한' 상태에 빠져 있었다. 사실 거의 외줄에 의지하고 있는 것처럼 보였다. 그는 중년이었고 새로운 생각들이 그에게 찾아오는 속도가 점점 더 느려지고 있었기 때문이었다.

<u>13</u> 그는 나에게 말했다. "나는 사업에서 좋은 결과를 얻었을 때 그 것이 생각의 결과라는 것을 알고 있습니다. 그러나 지금 저에 게는 그러한 생각이 떠오르지 않습니다. '모든 것이 마음에 달 렸다'는 가르침이 옳다면 모든 사람이 무한한 정신과 연결될 수 있을 것입니다. 그리고 그 속에서 좋은 아이디어를 얻을 수 있 겠죠. 저처럼 용기와 경험을 지닌 사람들은 이를 비즈니스에 실 용적으로 활용하여 큰 성공을 거둘 수 있을 것입니다. 연구할 가치가 있어 보입니다."

<u>14</u> 이것이 2년 전의 일이었다. 그리고 며칠 전에 이 사람에 대한 이 야기를 듣게 됐다. "그 친구 어떻게 됐나? 다시 재기에 성공했 나?" 내 물음에 친구는 무슨 소리냐는 눈으로 나를 보더니 이렇 게 말했다. "세상에! 그 친구의 성공담에 대해 아직 모르는 거야? 그 친구 모 기업의 핵심 간부야. 지난 18개월 동안 정말이지 놀 라운 성과를 거뒀어. 전국뿐만 아니라 해외까지 진출했다고 하 더라고. 순이익이 곧 100만 달러를 달성할 예정이라는데 그게 모두 그의 아이디어 덕분이라더군." 나는 그 회사의 승승장구에 대해 들어본 적은 있었으나 그게 그 사람과 연관이 있을 줄은 몰 랐다.

15 어떻게 생각하는가? 나는 이 사람이 무한한 정신, 곧 영과 직접적으로 연결되었다고 생각한다. 그리고 무한한 정신을 발견한 그는 이를 통해 일했다. 무한한 정신을 자신의 사업에 활용한 것이다.

16 이 말이 불경스럽게 들리는가? 그런 의미로 들리지 않기를 바란다. '무한한 존재'라는 개념을 인격화하거나 인간성의 확장처럼 여기지 말라. 오직 무한한 힘을 가진 존재라는 사실만 남겨라. 그 존재의 본질은 의식, 영이다. 앞서 이야기한 남자는 생각을 통해 영을 실현시킨 것으로 보면 된다. 그 기원이자 근원인 무한한 존재와 조화를 이루어 그 힘을 사용한 것이다. 이는 특정한 누군가만 가능한 일이 아니다. 다만 그가 더 깊은 생각을 이어가고, 고도로 '실질적인' 방식으로 그 일을 행한 것이다.

17 무한한 힘을 가진 존재를 이용해서 도움을 받는다는 아이디어에 주저하는 사람들은 이것을 기억하라. 무한한 존재가 그런 과정에 반대한다면 어떤 일도 일어날 수 없다.

18 '영성'은 매우 '실용적'이고, 매우 '실용적'이며, 강렬하게 '실용적'이다. 물질은 영이 마음대로 창조하고, 수정하고, 형성할 수 있

는 것이다. 그것이 곧 영의 실재이기 때문이다. 영성은 세상에서 가장 '실용적인' 것, 즉 유일하게 실제적이고 절대적으로 '실용적인' 것이다.

19 이제 사람은 영이 있는 몸이 아니라, 몸이 있는 영이라는 사실과 이러한 이유로 욕망은 영적이지 않은 것이라면 지속적인 만족을 불러올 수 없다는 사실에 집중하라. 부는 우리가 원하는 조건을 형성할 수 있다는 것에 유일한 가치가 있는데, 이때 조건이 반드시 조화로워야 한다. 조건이 조화로우면 무엇이든 모자람 없이 공급된다. 만약 부족한 것이 있다면 부의 핵심이 봉사라는 것을 깨달아야 한다. 이러한 생각이 확고히 자리 잡아야만 공급의 통로가 열릴 것이며, 영적인 방식이 전적으로 실용적이라는 사실에 만족스러울 것이다.

The Secret of Wealth and Sucess

MASTER KEY SYSTEM

CHAPTER 24

반복해서
그리고, 느끼고, 새겨라

01 과학자들이 처음으로 태양이 중심에 있고 그 주위를 지구가 돌고 있다고 말했을 때 많은 사람이 경악했다. 과학자들의 말이 모두 거짓인 것처럼 보였다. 태양이 하늘을 가로질러 움직인다는 것만큼 분명한 사실도 없었다. 누구나 해질녘에는 태양이 서쪽 언덕 뒤로 내려가 바닷속으로 사라지는 모습을 볼 수 있었기 때문이다. 과학자들을 제외하고 모든 학자가 이 주장에 격분했다. 하지만 마침내 모든 사람이 그것이 사실임을 확신하게 됐다.

02 우리는 종을 '소리를 내는 물건'이라고 말한다. 하지만 종이 할 수 있는 일이라고는 대기 중에 진동을 일으키는 일뿐이다. 종이 초당 16회의 속도로 진동할 때 우리의 귀에 소리가 들린다. 우리는 초당 38,000회의 속도의 진동까지 인식할 수 있다. 이를 넘어가면 다시 정적뿐이다. 따라서 종소리는 종이 아닌 우리 마

음속에서 비롯한 것이다.

03 우리는 태양이 '빛을 낸다'고 표현하며 실제로도 그렇게 생각한
   다. 그러나 우리는 그것이 단지 초당 400조의 속도로 대기 중에
   진동을 일으키는 에너지를 방출시켜 우리가 광파라고 부르는
   파동을 일으킨다는 것을 안다. 우리가 빛이라고 부르는 것은 에
   너지의 한 형태일 뿐이며, 거기에 있는 유일한 빛은 파동의 움
   직임에 의해 마음속에 일어나는 감각일 뿐이다. 진동수가 증가
   하면 빛의 색이 변하는데, 그래서 우리는 장미가 빨갛고, 풀이
   초록색이고, 하늘이 파랗다고 말한다.

   다시 말해 빛이 진동한 결과로 우리가 경험하는 감각인 것이
   다. 진동이 초당 400조회 미만으로 감소하면 더 이상 빛으로 보
   이지 않고 열로 느껴진다. 이는 사물의 실체에 대한 우리의 감
   각이 상대적이라는 사실을 말해준다. 만약 우리가 감각을 절대
   적으로 믿는다면 우리는 태양이 움직이고 있으며, 지구는 평평
   하고, 별은 작은 빛 조각들에 불과하다고 여겼을 것이다.

04 모든 형이상학 체계의 이론과 실재는 당신 자신과 당신이 사는
   이 세상에 대한 진리를 아는 데 있다. 조화를 위해서는 조화를
   생각해야 하고, 건강을 위해서는 건강을 생각해야 하며, 풍요를

위해서는 풍요를 생각해야 한다. 감각이 증거하는 바를 뒤집어
야 한다.

05 온갖 형태의 질병, 결핍, 한계가 단순히 잘못된 생각의 결과라
는 것을 알게 될 때, 당신은 "너희를 자유케 할 진리" 또한 알게
될 것이다. 산을 옮기는 방법을 알게 될 것이다. 이 산들이 걱
정, 의심, 두려움 등의 부정적인 생각으로 이루어져 있다면, 모
든 것을 깨달은 뒤에도 쉽게 떨쳐내지 못할 것이다. 그때에는
이것들을 옮기는 것을 넘어서서 "바다에 던져야" 한다.

06 당신이 진정으로 해야 할 일은 이 말이 진리임을 스스로 확신하
는 것이다. 그렇게 해야만 모든 생각과 행동이 진리에서 비롯한
다. 그리고 앞서 살펴보았듯이 진리는 생명력이 있기에 스스로
현실로 나타날 것이다.

07 정신에 의거한 방법으로 질병을 고치는 사람들은 이 진리를 알
고 있다. 그들은 매일 자신의 삶과 다른 사람들의 삶에서 그것
을 증명한다. 그들은 생명과 건강과 풍요가 어디에나 존재하며
모든 공간을 채우고 있다는 것을 알고 있다. 질병이나 어떤 종
류의 결핍이 나타나도록 내버려두는 사람들은 아직 이 위대한

법칙을 이해하지 못했다는 것을 알고 있다.

08 모든 여건과 환경은 생각의 산물이므로, 결핍과 질병은 진리를 깨닫지 못한 사람의 정신에서 비롯한다. 정신적 오류가 제거되는 즉시 여건과 환경이 달라질 것이다.

09 이 오류를 제거하는 방법은 침묵 속으로 들어가 진리를 찾는 것이다. 모든 정신이 하나로 연결되어 있으니 당신은 이것을 스스로를 위해서, 남을 위해서도 할 수 있다. 원하는 조건들을 심상으로 그려내는 것이 가장 쉽고 빠른 방법이다. 그렇지 않다면 논쟁을 통해서, 즉 진리를 수긍하게 만드는 과정을 통해서 확신하고 결과를 성취할 수 있다.

10 기억하라. 이는 가장 이해하기 어렵지만 가장 필요한 말이다. 어떤 어려움이 있든, 그 어려움의 원인이 무엇이든, 누가 영향을 받든, 문제는 당신뿐임을 기억하라. 당신이 할 일은 당신이 이루고자 소망하는 진리에 대해 스스로 확신하는 것뿐이다.

11 이는 현존하는 모든 형이상학 체계에 상응하는 정확한 과학적 결론이며, 다른 어떤 방법으로도 대체할 수 없다.

12 몰입, 심상, 논쟁, 확언 등은 모두 당신이 진리를 깨닫기 위한 도구다.

13 만일 당신이 어떤 사람을 돕기를 원한다면, 결핍이나 한계 또는 오류를 없애기를 원한다면, 생각만으로도 충분하다. 그 생각을 통해 당신이 그 사람과 정신적으로 연결되기 때문이다. 그런 다음, 당신 안에서 결핍, 한계, 오류, 질병, 위험에 대한 생각을 지워버려라. 당신이 이 일에 성공하자마자 결과가 성취되고 그 사람은 문제에서 자유로워질 것이다.

14 모든 생각이 진동을 유발하는 에너지의 한 형태이지만 그중 가장 강력한 진동을 유발하는 것은 진리에 대한 생각이다. 빛이 어둠을 파괴하는 것과 같은 방식으로 모든 거짓을 파괴한다. 진리가 나타나면 그 어떤 거짓도 존재할 수 없다. 우리의 정신작용은 모두 진리를 이해하는 데 있다. 이를 통해 모든 결핍, 한계, 질병을 극복할 수 있다.

15 우리는 외부의 세계를 통해 진리를 이해할 수 없다. 외부의 세계는 개인의 마음에 따라 상대적으로 보이기 때문이다. 하지만 진리는 절대적이다. 우리는 그것을 내면의 세계에서 찾아야 한다.

__16__ 오직 진리만을 보도록 마음을 훈련하면 진실한 여건이 나타난다. 그 여건들은 우리가 발전하고 올바르게 나아가고 있다는 지표가 될 것이다.

__17__ '나'는 완벽하고 완전한 존재라는 것이 절대적인 진리다. 진정한 '나'는 영적 존재로, 결코 부족함이나 한계, 질병이 있을 수 없다. 섬광과 같은 천재의 영감은 뇌의 분자운동이 아니라 보편적 정신과 영적 존재인 '나'의 결합에서 비롯한다. 모든 영감, 모든 천재성이 하나라는 사실을 깨닫는 데서 비롯한다. 그 영향은 미래의 몇 세대까지 계속 이어지고 수백만 명에게 길을 알려주는 불기둥이 되어준다.

__18__ 진리는 논리적 훈련이나 실험, 관찰의 결과가 아니다. 진리는 고양된 의식에서 비롯한다. 카이사르가 믿은 진리는 그의 삶, 행동, 태도에서 드러난다. 그가 사회의 형태와 발전에 미친 영향에서도 나타난다. 당신의 삶, 행동, 태도 그리고 세상에 미친 영향은 당신이 깨달은 진리의 정도에 따라 달라질 것이다. 진리는 행동으로 드러나기 때문이다.

__19__ 사람의 품성에서 그가 믿는 진리가 드러나기 때문에 거기에 대

한 해석이 필요하다. 그가 진리에 대해 어떤 관점으로 바라보고, 그에 따라 무엇을 소유하는지를 살펴봐야 한다. 만일 어떤 이가 자기 재산의 흐름에 대해 불평한다면 그는 반박할 수 없는 명백한 진리에 대해 부정하는 것과 같다.

20 우리 삶의 무수한 상황과 사고, 그로 인해 달라지는 우리의 환경은 이미 잠재의식에 속해 있으며 그 본성에 맞는 정신적, 육체적 물질을 끌어당긴다. 따라서 우리의 미래는 우리의 현재로부터 결정된다. 우리 삶에 명백히 부당한 점이 있는 듯 보인다면, 그 원인은 내면의 세계에서 찾아야 한다.

21 이 진리가 당신을 자유롭게 한다. 이 진리를 의식적으로 깨달으면 모든 어려움을 극복할 수 있다.

22 외부의 세계에서 맞닥뜨리는 상황들은 언제나 내면 세계에서 벌어지는 상황의 결과이다. 따라서 마음속에 완벽한 이상을 간직하면 주변에 이상적인 조건들을 만들어낼 수 있다는 것은 과학적 사실이다.

23 불완전하고, 상대적이고, 제한적인 여건들만 본다면, 계속해서

그런 여건들만 나타난다. 영적인 자아, 즉 영원히 완벽하고 완전한 '나'를 발견하고 깨닫는다면, 조화로우면서도 유익하고, 건강한 여건들이 나타날 것이다.

24 생각은 창조적이고, 진리는 그 어떤 생각보다도 가장 완전한 것이다. 따라서 진리를 생각하면 참된 것을 창조하게 된다. 진리가 나타나면 거짓은 사라지는 것도 명백하다.

25 보편적 정신은 존재하는 모든 정신의 합이다. 영혼은 지능이 있기에 영혼과 정신은 동의어다.

26 우리가 이겨내야 하는 어려움은 정신이 개별적이지 않다는 것을 깨닫는 일이다. 정신은 어디에나 존재한다. 정신이 존재하지 않는 곳이란 없다. 따라서 정신은 보편적이다.

27 이제까지 사람들은 우주의 창조적인 원리를 표현하기 위해 '하나님'이라는 호칭을 사용해왔다. 그러나 '하나님'이라는 단어는 적절한 의미를 전달하지 못한다. 대부분은 이 단어가 자신과는 무관한 외부에 자리하는 존재를 의미한다고 생각하기 때문이다. 사실은 정반대다. 그것은 우리 생명 자체를 말한다. 그것 없

이는 우리는 모두 죽은 것이나 다름없다. 영혼이 육체를 떠나는 순간, 우리는 아무것도 아닌 존재가 된다. 따라서 영혼은 우리의 전부다.

28 정신이 행하는 유일한 활동은 생각이다. 생각의 주체인 정신이 창조적이기 때문에 생각 또한 창조적일 수밖에 없다. 창조력은 누구에게나 있는데, 그것을 통제하거나 다른 사람들의 이익을 위해 사용하거나 하는 결정은 생각하는 능력에 달려 있다.

29 이 말이 참이라는 것을 깨닫고, 이해하고, 인정할 때 비로소 당신에게 마스터키가 주어질 것이다. 이해할 수 있을 만큼 현명하고, 증거를 판별할 수 있을 만큼 통찰력 있고, 자신의 판단을 밀고 나갈 만큼 확고하고, 희생도 감수할 만큼 강인한 사람만이 마스터키를 통해 문을 열고 들어갈 수 있다는 것을 기억하라.

30 이제 우리가 사는 이 세상이 참으로 경이롭다는 것, 그 안의 당신도 경이로운 존재라는 것, 많은 사람이 진리에 대해 깨우치고 있다는 것을 굽어보아라. 그리고 '그들을 위해 준비된 것들'에 대해 인지하는 순간, 그들 역시 약속의 땅에 있는 빛나는 것들이 "눈으로도 보지 못하고, 귀로도 듣지 못하고, 사람의 마음으

로도 생각지 못하는" 것임을 알게 될 것이다. 그들은 심판의 강을 건너 참과 거짓을 분별하는 지점에 이르렀고, 그들이 원하거나 꿈꿔왔던 모든 것이 눈부신 현실에 비하면 희미한 관념에 불과하다는 것을 알게 될 것이다.

부와 성공의 시크릿
마스터키

초판 발행   2023년 9월 1일

지은이   찰스 해낼
펴낸곳   다른상상
등록번호   제399-2018-000014호
전화   02)3661-5964
팩스   02)6008-5964
전자우편   darunsangsang@naver.com

ISBN   979-11-90312-88-2 03190

독자 여러분의 책에 관한 아이디어나 원고 투고를 설레는 마음으로 기다리고 있습니다.
이메일로 간단한 개요와 취지, 연락처를 보내주세요. 독자님과 함께하겠습니다.